T0244236

Jetsunma Tenzin Palmo

Corazón heroico
El despertar de la compasión incondicional

Prólogo de la lama Guelongma Tsondru

Traducción del inglés de Agustín Araque

editorial Kairós

Título original: THE HEROIC HEART by Jetsunma Tenzin Palmo

© 2022 by Jetsunma Tenzin Palmo
    Publicado por acuerdo con Shambala Publications Inc.

Con permiso para reproducir los versos de *The Heart of Compassion: The Thirty-Seven Verses on the Practice of a Bodhisattva* de Dilgo Khyentse Rinpoche, traducido por Padmakara Translation Group (Boulder: Shambala Publications, 2007).

Con permiso también para reproducir los versos de *The Eight Verses for Training the Mind* de Geshe Sonam Rinpoche, traducido por Ruth Sonam (Boulder: Snow Lion, 2001).

© de la edición en castellano:
    2022 by Editorial Kairós, S.A.
    www.editorialkairos.com

© de la traducción del inglés al castellano: Agustín Araque

Revisión: Amelia Padilla

Fotocomposición: Grafime Digital S.L. 08027 Barcelona
Diseño cubierta: Katrien Van Steen
Impresión y encuadernación: Litogama. 08030 Barcelona

Primera edición: Noviembre 2022
ISBN: 978-84-1121-067-6
Depósito legal: B 19.668-2022

Este libro está dedicado a todas aquellas personas que desean con sinceridad dar sentido a sus vidas y que sean de beneficio para sí mismas y para los demás. Que las palabras de consejo del *bodhisattva* Thogme Sangpo resuenen a través del tiempo y las culturas y golpeen nuestros corazones, inspirándonos a desarrollar un buen corazón y a cultivar la consciencia amorosa en nuestras vidas. El mundo tiene necesidad urgente de esta bondad.

Sumario

Agradecimientos

Todo libro como este depende de muchas causas y condiciones interrelacionadas. Mi primera deuda de gratitud es para con Atisha Dipankara, quien divulgó estas enseñanzas sobre el adiestramiento mental (*lojong*) en el Tíbet en el siglo XI. A través de él se extendió el linaje Kadampa, al que pertenece Thogme Sangpo, el autor de este poema. Y a continuación vinieron todos los maestros que fueron transmitiendo esta enseñanza hasta el presente. En segundo lugar debo gratitud al Deer Park Institute de Himachal Pradesh por invitarme, hace ya unos años, a presentar, durante un fin de semana, los comentarios que han sido la base para este libro. Deer Park ofrece un maravilloso servicio al *Dharma* invitando de manera imparcial a maestros de todas las tradiciones a compartir sus conocimientos.

El comentario oral, que supuso la base para este libro, fue entonces fielmente transcrito por mi amiga de toda la vida Arya-Francesca Jenkins. Arya ha transcrito muchas de mis charlas a lo largo de los años, y me siento en deuda infinita con ella por sus cualificados esfuerzos para ayudarme. Posteriormente, edité dicha transcripción solo a efectos de su lectura, sin más.

Sin embargo, con el tiempo, Nikko Odiseos y Casey Kemp, de Shambhala Publications, me propusieron un nuevo libro, y entonces sugerí utilizar mis charlas sobre el *lojong*, ya que se trata de un tema de ayuda vital para los tempestuosos tiempos que corren. Finalmente, en junio de 2020, como maravillosa sorpresa de cumpleaños, el doctor Dallas John Baker (Pema Düddul), profesor de escritura, corrector y editor de la Universidad de Southern Queensland, ofreció sus expertos servicios para editar algunas de mis charlas para su publicación. ¡Esto fue seguramente un regalo de Tara! Y así surgió este comentario sobre *Las treinta y siete estrofas de la práctica del bodhisattva*, que cubre un montón de aspectos y ofrece un sinnúmero de consejos prácticos para la vida cotidiana. La revisión final de nuestro comentario fue cuidadosamente llevada a cabo por la monja americana Tenzin Dasel.

El texto base del comentario fue traducido del tibetano por el grupo Padmakara Translation, y había sido publicado previamente en el libro *The Heart of Compassion: The Thirty-Seven Verses on the Practice of a Bodhisattva*, de Dilgo Khyentse Rinpoche. Cada capítulo del presente comentario va encabezado con una de las estrofas del texto traducido. Nos sentimos profundamente agradecidos por el permiso para usar la traducción del grupo Padmakara Translation.

Para acabar, doy las gracias a todo el equipo de Shambhala Publications, que ha hecho posible este libro a causa de su fe en la importancia perenne de estas enseñanzas de *lojong*. Y sigo en deuda con la bondad de tanta gente amable que ha colaborado para hacer realidad este libro. Mi contribución ha sido mínima.

Prólogo

Conocí a Tenzin Palmo en Bodhgaya en el año 1998 cuando estábamos tomando la ordenación completa de *guelongmas* de los maestros de Taiwán. Casualmente compartimos habitación durante aquellos días. Había una tercera monja en nuestra habitación, Chopel Dolma. Ella no tenía muy bien el corazón y murió entonces. Sucedió que habíamos ido todos a rezar de madrugada a la estupa de la iluminación y ella se fue a sentar bajo el árbol *bodhi*, donde nuestro señor el Buda se iluminó, para unirse a unas tibetanas que entonaban las alabanzas a Tara, y fue sentarse y morir. Dicen que es la única persona que ha conseguido morir en este lugar sagrado. Recuerdo cuando Tenzin Palmo y yo volvimos a nuestra habitación en estado de *shock*. Allí estaban la cama desecha de Chopel y sus cosas. Cuando habíamos salido dos horas antes, ella estaba en este mundo y, de repente, ya no estaba. Compartimos una dura lección de impermanencia.

Otra conexión que me une a Tenzin es Sakyadhita, la Asociación de Mujeres Budistas, de la que ella es actualmente presidenta, y con la que colaboré en establecer la rama española de esta, Sakyadhita Spain.

Tenzin Palmo tiene un corazón heroico. Luchadora valiente por lo que vale realmente la pena. Cuando leemos su odisea en *Una cueva en la nieve* y cómo ha dedicado su vida a la práctica intensiva de la meditación y ha luchado para crear un monasterio femenino para las monjas orientales, para darles la oportunidad de tener la educación y las posibilidades que solo se suele dar a los monjes, somos conscientes de su voluntad, de su fuerza y de su completa dedicación al *Dharma* de Buda. Busca una solución real al exceso de patriarcado budista, con un feminismo práctico y equilibrado.

El tema principal de este libro, *El corazón heroico*, está dentro de la categoría del *lojong*. Este tema, introducido en el Tíbet en el siglo XI por Atisha Dipankara, se enseña y se practica principalmente por medio de tres textos: *Las ocho estrofas sobre el adiestramiento mental,* escrito por Gueshe Langri Tangpa en el siglo XII. El maestro Chekawa, inspirado por ello, expandió el tema con *Los siete puntos de la práctica mental.* Más tarde, en el siglo XIV, Gyalse Thogme Sangpo lo expande todavía más con su texto *Las treinta y siete estrofas de la práctica del bodhisatva*. En este libro, Tenzin Palmo comenta este último de una manera clara y sencilla, haciendo también referencia a *las Ocho estrofas*.

El *lojong*, o adiestramiento mental, es la esencia misma del budismo Mahayana; es como una medicina que nos permite cambiar nuestra falsa percepción de la vida, de la gente y de uno mismo, promoviendo la claridad mental y dejando que emerja el caudal de amor y compasión que yace latente en nuestro ser. He comprobado el cambio de percepción, y por tanto de experiencia, de los que empiezan a practicarlo. Hay tanta ternura en el *lojong* que todas las personas pueden entenderlo, aunque no sean budistas, porque toca una fibra, y porque es verdad. No hay nada más poderoso que la verdad.

Hacen falta muchos libros que traten este tema en la lengua castellana. Siento una gran alegría por la publicación de estas *Treinta y siete estrofas* y es un honor para mí presentarla.

LAMA GUELONGMA TSONDRU

Introducción

Todas las experiencias van precedidas por la mente,
tienen a la mente como su artífice,
son creadas por la mente.

(El Buda)

La cita previa, perteneciente al mismo Buda, demuestra que nuestras mentes y la forma en que las usamos, cómo pensamos, son el eje del camino budista. Por tanto, tener un método para adiestrar y calmar la mente, y una vía de depuración de sus muchos hábitos negativos, ambas cosas son cruciales y benéficas. ¿Por qué es tan importante calmar y adiestrar la mente? ¿Por qué es imperativo liberarla de sus patrones habituales y dejar al descubierto su verdadera naturaleza? Porque una mente salvaje tiende a dañar a los demás. Y esto nos conduce hasta el verdadero corazón del budismo: la liberación de todos los seres vivos de cualquier forma de sufrimiento. Aunque los budistas hablemos constantemente de realización e iluminación, ello no es nuestro verdadero objetivo. Nuestro verdadero objetivo es liberar a los seres del sufrimiento, liberarlos incluso del engaño y la ignorancia sobre su verdadera naturaleza. Y nuestra propia iluminación es la manera mejor y la más segura de equiparnos para hacerlo. El amor a los demás es la esencia del budismo. Desde las prácticas más básicas hasta las más elevadas del *Mahamudra* o el *Dzogchen*, nada hay en ellas más importante que la expresión altruista de la compasión incondicional: la *bodhichitta*. Calmar y adiestrar la mente es la manera en que hacemos crecer la compasión incondicional, y la forma suprema en que somos capaces de expresar nuestra verdadera naturaleza.

Nos disponemos a explorar un texto fundamental sobre el *lojong*, cuyo tema es justo el método para calmar y adiestrar la mente. La palabra tibetana *lojong* significa literalmente 'adiestrar la mente', aunque la práctica tiene más que ver con adiestrar nuestra actitud, preparándonos para desembarazarnos de las formas habituales en las que respondemos a lo que nos pasa, en especial en las circunstancias adversas. La idea es llevar todo lo que nos suceda a la práctica. Algunas personas piensan que cuando las cosas van bien, cuando nos sentimos felices y saludables y todo va viento en popa, es el mejor momento para practicar el *Dharma*. Sin embargo, cuando nos enfrentamos a circunstancias adversas –gente difícil, mala salud y cosas por el estilo–, entonces nuestra práctica decae o la aplazamos.

Estas enseñanzas de *lojong* tratan sobre cómo aprovechar cualquier circunstancia, en especial las adversas, para practicar. Utilizar todo lo que nos sucede como medio de madurar interiormente y hacernos fuertes espiritualmente es la esencia de la práctica de *lojong*. A menudo lo comparo con ir al gimnasio. El entrenador nos echa un vistazo y dice: «Parece que tus brazos no están mal, pero las piernas las tienes algo flácidas». Nos vamos a las máquinas y hacemos ejercicio. La finalidad del intenso trabajo con las máquinas es fortalecernos. No nos molestamos con ellas porque nos reten. Al revés, si una nos resulta demasiado fácil, pasamos a otra máquina más difícil. Al final tenemos que reconocer que el esfuerzo hecho con esas máquinas es la causa de que las piernas se nos hayan puesto bonitas y fuertes. El *lojong* es bastante similar a esto. San Ambrosio, obispo milanés del siglo IV, habla del libro de *Los Salmos* como de un gimnasio para el alma. Y dice también que la vida misma es un gimnasio para el alma. Y aunque en el budismo no creemos en la existencia del alma, la idea no está mal. La vida es nuestra sala de entrenamiento, el lugar donde hacemos ejercicio. No debemos eludir los desafíos, ni trabajar solo con las máquinas fáciles.

Esta actitud y estas enseñanzas de *lojong* fueron llevadas al Tíbet en el siglo XI por un gran erudito bengalí llamado Atisha Dipankara Srijnana. Atisha había estado estudiando esa línea de pensamiento en Sumatra, al menos durante doce años, con el maestro Serlingpa. Luego regresó a la India y se convirtió en el rector de la populosa universidad monástica de Vikramashila. Más tarde fue invitado a ir al Tíbet, y aunque pensaba que ya era demasiado mayor, tuvo una visión de Tara en la que ella le reveló que, si hacía ese viaje, beneficiaría a muchos seres vivos, a pesar de que acortaría su vida. Estimando el beneficio de los demás por encima del propio, Atisha accedió a ir al Tíbet, lo cual tuvo un enorme impacto.

Por aquel entonces, el budismo atravesaba un período de confusión sobre cómo llevar las enseñanzas a la práctica. Atisha vio que las enseñanzas tántricas avanzadas probablemente no eran muy apropiadas para la mentalidad tibetana de la época. Más bien necesitaban volver de nuevo a los principios básicos, y trabajar sobre sus actitudes y su motivación. Atisha clarificó el método de la práctica, poniendo el énfasis en la importancia del refugio en las Tres Joyas (el *Buda*, el *Dharma* y la *Sangha*) y en la *bodhichitta*, la aspiración a alcanzar el despertar para beneficio de todos los seres. Junto a esta aportación, impartió además enseñanzas sobre el hecho de llevar las vicisitudes de la vida al camino, y cómo encararlo todo desde el punto de vista del amor a los demás, de la *bodhichitta*. Sus seguidores continuaron manteniendo esta tradición, que hoy conocemos con el nombre de la práctica de *lojong*, o adiestramiento mental.

El texto de *lojong* sobre el que vamos a hablar aquí, *Las treinta y siete estrofas de la práctica del bodhisattva*, fue escrito en el siglo XIV por un monje llamado Gyalse Thogme Sangpo, nacido en 1296 o 1297 cerca de Sakya, en el Tíbet occidental. Desde temprana edad mostró grandes cualidades de compasión y empatía hacia los demás, como demuestra cierto episodio de su infancia. Por entonces era un niño que vestía la típica *chuba* larga de lana atada a la cintura. Un invierno, Thogme salió al exterior y a la vuelta estaba desnudo. Sus padres le preguntaron: «¿Qué has hecho con la *chuba*?», y él contestó: «Oh, es que había un ser ahí fuera que tenía frío». Fueron a ver y descubrieron un arbusto cubierto de hielo. Thogme le había puesto encima la *chuba* para darle calor.

La biografía de Thogme Sangpo está plagada de este tipo de cautivadoras anécdotas, incluso ya de mayor, sobre su preocupación por los demás, en especial por quienes se encontraban en mayores dificultades, como mendigos, gente pobre y similares. A los veintinueve años, Thogme tomó la ordenación monástica completa. Y fue un monje ejemplar en todos los sentidos, manteniendo con pureza sus votos hasta el final de su vida. Muy consciente del sufrimiento de los demás, incluso de los animales, nunca vistió ropa confeccionada con piel o pelo de animales, a pesar del gélido clima tibetano en el que vivía.

Thogme llegó a ser una persona bastante ilustrada y sirvió como abad en varios monasterios. Fue muy conocido y querido en su tiempo. Murió septuagenario. Por entonces, la gente en el Tíbet no vivía tanto, de modo que se trata de una edad avanzada para la media tibetana. Escribió muchos libros, sin embargo, el que llegó a convertirse en un clásico de la literatura tibetana se titula *Gyalse Lalen*. *Gyalse* significa literalmente 'el hijo del Victorioso', refiriéndose a los *bodhisattvas*; y *lalen* quiere decir 'método de práctica'. Normalmente se traduce como *Las prácticas del bodhisattva en treinta y siete estrofas*.

Nuestras monjas del monasterio de Dongyu Gatsal Ling estudian este texto porque es accesible para cualquiera –monjes y monjas, laicos, budistas y no budistas–, y porque trata, como lo hacen todos los textos de *lojong*, sobre cómo incorporar a nuestra práctica espiritual las circunstancias difíciles de la vida, los estados mentales negativos que nos causan tantas penalidades y los problemas que nos provocan los demás. Es un texto pragmático que nos enseña a utilizar dichas dificultades, transformándolas y convirtiéndolas en parte de la práctica. Puede que al principio nos parezca inviable para nosotros, pero en realidad es un método altamente útil, porque consiste en aprovechar las circunstancias adversas y emplearlas para ejercitarnos. Se trata de algo muy importante para todo el mundo.

Yo asistí a un comentario sobre este texto del XVI Gyalwang Karmapa, y también a un breve curso del XIV Dalái Lama. Además, recibí enseñanzas sobre él de Dilgo Khyentse Rinpoche, que iré resumiendo a lo largo de este libro. La mayor parte de las estrofas se explican por sí mismas, pero siempre es de ayuda recibir enseñanzas que contribuyen a profundizar en nuestra comprensión.

Para completar la exposición del texto de Thogme Sangpo, haré referencias a otro texto sobre el *lojong*, *Las ocho estrofas del adiestramiento mental*, de Langri Thangpa (1054-1123), venerable maestro Kadampa y auténtica luminaria de la tradición *lojong*. Iré intercalando la exposición de este último texto al hilo del comentario de *Las treinta y siete estrofas de la práctica del bodhisattva* cuando los temas de ambos se solapen. De esta forma, lograremos mayor comprensión de la tradición del *lojong* y un criterio más cierto sobre la aplicación de sus enseñanzas a nuestra vida cotidiana.

Cada capítulo de este libro se abre con una de las estrofas de *Las treinta y siete estrofas de la práctica del bodhisattva*. El texto base del comentario fue traducido directamente del tibetano por el Grupo Padmakara Translation, y fue publicado previamente en el libro *The Heart of Compassion: The Thirty-Seven Verses on the Practice of a Bodhisattva*, de Dilgo Khyentse Rinpoche.

Como en la mayoría de los textos tradicionales, *Las treinta y siete estrofas de la práctica del bodhisattva* comienza con una invocación que explica para quién fue compuesto el texto.

Thogme Sangpo empieza diciendo: «Namo Lokeshvaraya». *Lokeshvaraya* significa 'Señor de los mundos', que es otro de los nombres de Avalokiteshvara, conocido también como Chenrezig o Kuan Yin. Avalokiteshvara es el *bodhisattva* de la compasión, el objeto de reverencia apropiado para un texto que trata sobre las formas de compasión del *bodhisattva*. Mientras que los textos relacionados con la filosofía y la lógica, o materias similares, invocan a Manjushri, el *bodhisattva* de la sabiduría, los que tratan sobre el corazón y sobre cómo incorporar la compasión a nuestra vida cotidiana invocan a Avalokiteshvara. El texto dice:

> *Aunque él ve que en todos los fenómenos no existe ir ni venir, se esfuerza enteramente por el bien de los seres.*[1]

«Fenómenos» aquí es la traducción de la palabra *dharmas*, que significa las cosas ordinarias, los objetos del mundo exterior. Como todos sabemos, el budismo pone un gran énfasis en la transitoriedad y en la naturaleza fugaz de todos los fenómenos, tanto externos como internos, en el hecho de que todo surge y desaparece a cada momento, como un río que fluye. El río parece el mismo, pero de instante a instante el agua cambia, se mueve, forma remolinos y corre siempre río abajo. Todo es así, todo surge y desaparece de forma instantánea, constantemente, a pesar de que ante nuestra percepción tenga la apariencia de continuidad.

Puesto que la transitoriedad es un axioma fundamental del budismo, tal vez nos preguntemos por qué el texto dice *él ve que en todos los fenómenos no existe ir ni venir*. Lo hace desde el punto de vista de la realidad última. Desde el punto de vista relativo, que es nuestra forma de ver ordinaria, los fenómenos vienen y van, las cosas crecen y menguan, duran un tiempo o desaparecen de forma veloz. Pero, en el sentido último, ninguna de estas dualidades es pertinente. No existe ir ni venir, crecimiento ni mengua, aniquilación ni existencia perpetua. Todos estos pares de opuestos, todas estas dualidades, son trascendidas en el verdadero estado de las cosas. A pesar de que Avalokiteshvara es el *bodhisattva* que representa la compasión, esta surge de forma natural desde el punto de vista de su sabiduría perfecta.

Las imágenes de Avalokiteshvara lo muestran con mil brazos, que representan sus actividades compasivas ilimitadas, en favor de todos los seres. En cada una de las mil manos hay un ojo, que simboliza su visión precisa de la situación desde ambos niveles, el relativo y el absoluto. Avalokiteshvara sabe qué es lo que hay que hacer y qué es lo que no hay que hacer, ya que a veces es mejor dejar que las cosas vayan solas, aunque nos hubiera gustado cambiarlas. Avalokiteshvara ve las cosas con la total claridad de la mente iluminada; y ve que en el nivel último no hay ir ni venir, que todos los *dharmas* existen en un estado de *talidad*, más allá de la idea temporal de flujo permanente.

La primera línea del texto de Thogme Sangpo elogia la sabiduría de Avalokiteshvara; la segunda refleja su compasión. Avalokiteshvara contempla lo trascendente, la realidad última, mientras de forma constante se esfuerza por hacer el bien de todos los seres en el nivel relativo, a través de su compasión. Es importante que sabiduría y compasión vayan juntas; si no vemos las cosas con claridad, si no tenemos una completa comprensión de la situación, podemos organizar un desastre. Avalokiteshvara posee una visión de conjunto y ajustada a la verdadera realidad. Y, desde esta perspectiva ilimitada, es capaz de actuar espontáneamente de una forma que sea de beneficio relativo y absoluto para los seres. Combinando verdad relativa y última, es el maestro supremo, nuestro gurú raíz. Podemos pensar en su santidad el Dalái Lama o en su santidad Gyalwang Karmapa, ambos considerados emanaciones de Avalokiteshvara.

Al sublime maestro, inseparable de Avalokiteshvara, el protector de los seres,
rindo permanente homenaje con cuerpo, palabra y mente respetuosos.[2]

En el budismo consideramos las tres puertas: cuerpo, palabra y mente. Y rendimos homenaje al maestro con las tres. ¿Por qué? Simplemente porque nuestro maestro es inseparable de Avalokiteshvara. Dilgo Khyentse Rinpoche dice en *The Heart of Compassion*, su propio comentario de *Las treinta y siete estrofas de la práctica del Bodhisattva*:

El sublime maestro espiritual es inseparable de Avalokiteshvara, la encarnación de la compasión de todos los budas. A pesar de que se manifiesta de maneras infinitas para el bien de todos los seres y despliega incontables formas diferentes, la naturaleza de Avalokiteshvara no cambia nunca. Completamente iluminado, ha actualizado la sabiduría primordial. Su mente es la no duali-

dad, la mente iluminada invariable de todos los budas: el absoluto, el *Dharmakaya*.[3]

Los budas y *bodhisattvas* no son seres separados de nuestros
maestros ni de nosotros mismos. Son nuestra verdadera naturaleza, lo que somos de verdad si pudiéramos ver claramente.
Pensamos que somos seres ordinarios, pero no lo somos. Esa
es nuestra tragedia. El maestro, ese ser genuinamente realizado,
el lama, no es alguien intrínsecamente diferente de nosotros; de
modo que en las meditaciones budistas asimilamos en nosotros
mismos a la deidad o al lama, o ambos a la vez, pensando que
nuestras mentes y las suyas se juntan como el agua con el agua,
hasta reconocer que no hay distinción. La distinción viene de
nuestra parte. Pensamos que somos seres ordinarios y que ellos
son especiales, pero eso forma parte de nuestro engaño, y por
ello debemos trabajar para expulsar esa distinción conceptual,
hacer esa limpieza y abrillantado. Es como una bella vasija
de plata que estuviera tan cubierta de suciedad que pareciera
negra. Tendremos que pulirla hasta sacar a la superficie la plata
que, en su esencia verdadera, nunca ha sufrido mancha.

Sin embargo, por mucha porquería que la recubra, si limpiamos diligentemente la vasija, acabará brillando. La vasija
de plata ha estado siempre ahí; no es que se hubiera ido y haya
vuelto cuando hemos limpiado. Siempre ha estado ahí, pero
no la reconocemos. Todo lo que vemos es la negra cobertura.
Mientras que los *mahabodhisattvas* y los lamas, los verdaderos
lamas realizados, están mucho más en contacto con su base
de plata. A ellos no los recubre la suciedad que nos recubre a
nosotros, porque han hecho el trabajo necesario para rescatar y

mantener su brillo innato. Sin embargo, su naturaleza esencial es la misma que la nuestra. Es importante recordarlo.

Los budas perfectos –fuente de felicidad y paz definitiva–,
existen tras haber realizado el Dharma *sagrado,*
lo cual, a su vez, depende de saber cómo practicarlo;
esta es la práctica de los bodhisattvas *que ahora me dispongo a explicar.*[4]

Los budas, como el Buda Shakyamuni, en el nivel relativo, tuvieron que esforzarse durante incontables eones para limpiar la suciedad y sacar a la luz su verdadero metal. ¿Cómo lo hicieron? ¿Cómo consiguieron, todos los budas del universo, llegar a ser budas? Lo hicieron practicando el *Dharma*. Es importante que practiquemos y que llevemos la práctica al corazón, en vez de limitarnos a leer sobre ella. Por eso este texto es tan importante. No necesitamos una filosofía especializada para abstraernos y pensar que todo se encuentra allá arriba en algún lugar misterioso del cielo. Todo se encuentra aquí abajo en la Tierra, lo tenemos a mano, cada día, con cualquiera que nos encontremos. De hecho, solo junto a los demás podemos llevar a cabo una práctica real.

1. Construir una vida con sentido

> *Ahora que poseo esta gran embarcación, la*
> *preciosa vida humana, tan difícil de obtener,*
> *es mi misión transportar a los demás y a mí*
> *mismo a través del océano del* samsara.
> *A tal fin, escuchar, reflexionar y meditar,*
> *día y noche, sin distracción, es la práctica*
> *del* bodhisattva.

El *samsara* es descrito con frecuencia como una rueda, pero a menudo también se relaciona con un océano. Y, al igual que el océano, posee altas y poderosas olas, así como corrientes peligrosas; de manera que en *samsara* somos lanzados arriba y abajo continuamente. A veces estamos arriba, otras veces estamos abajo. Y así seguimos, arriba y abajo, una y otra vez. Sin fin. El problema es que estamos atrapados en las olas que no paran de lanzarnos arriba y abajo. Nos pasamos la vida entera maltratados. Debemos recordar que todas esas olas que suben y bajan pertenecen solo a la superficie. Si buceamos hacia lo profundo del océano, descubriremos auténticos reinos de quietud y calma, donde habitan toda clase de peces y animales marinos y monstruos de las profundidades.

Así pues, ya que la mayoría de nosotros pasamos la vida en la superficie, zarandeados por nuestros pensamientos y emociones, ¿qué es lo que necesitamos? Necesitamos una embarcación, porque, aunque las embarcaciones también suben y bajan, nos libran de quedar empapados del todo y nos llevan de manera paulatina hasta la otra orilla. El Buda mismo habló en muchas ocasiones sobre la otra orilla, como símil de la liberación. Sin embargo, nosotros no podemos alcanzarla nadando, debido a que está muy lejos, y lo que conseguiríamos sería ser zarandeados y posiblemente acabáramos ahogándonos. Por tanto, necesitamos algún tipo de barco para atravesar el océano del *samsara*.

En *El camino del bodhisattva*, de Shantideva, encontramos la analogía del logro de la preciosa vida humana como embarcación:

> Cruzar el mar de las emociones
> en la embarcación de una existencia humana.[5]

Ahora estamos en posesión de esta gran nave que es el *Dharma*, y tenemos también una preciosa vida humana, tan difícil de obtener. Cada uno de nosotros ha gozado de un valioso nacimiento como ser humano. Podemos pensar: «Bueno, miles de millones de personas lo han conseguido, no será tan valioso», pero no es cierto. Un precioso nacimiento humano no solo significa nacer como ser de la especie humana. Existen muchos otros factores en el contexto del *Dharma* budista que entran a formar parte de la preciosa vida humana: nacer en un país budista, o donde el *Dharma* del Buda sea accesible, poseer intactas todas las facultades de un ser humano, tener fe en el *Dharma*, encontrar un maestro, etcétera. No hemos nacido en alguno de los reinos más elevados, donde todo es placentero y no hay incentivo para la práctica, ni hemos nacido en alguno de los reinos inferiores, donde hay tantas penalidades y sufrimientos que se vive completamente atrapado en un estado paranoico. Ni hemos nacido entre los animales que, por muy encantadores que sean, no tienen la habilidad de practicar un camino espiritual durante su vida.

¿Qué hace que una vida humana sea preciosa? Para empezar, podemos leer, lo cual es algo maravilloso en este mundo. Pero lo más sorprendente de todo es que podemos comprender lo que leemos la mayor parte de las veces. Y aunque no seamos capaces de leer y entender del todo algunos de los textos budistas, podemos tomar un libro de *Dharma*, siempre que no se trate de un libro muy especializado, podemos sacar algo de él, sus palabras tendrán para nosotros sentido. Es cierto que si elegimos un libro normal de introducción a las prácticas budistas, o alguna biografía de un lama o de grandes maestros, podemos entenderlo con facilidad, sintonizar con él y asimilar el significado. Tenemos la virtud de comprender conceptos que hemos leído aunque no los hayamos experimentado de forma directa. La mente puede forcejear con las ideas hasta llegar a contemplar su contenido.

Por eso nuestro texto dice:

A tal fin debo escuchar, reflexionar y meditar,
día y noche, sin distracción; esa es la práctica del bodhisattva.[6]

Bueno, *día y noche, sin distracción* quizá sea excesivo, aunque tenemos que estudiar.

Pero volvamos al tema del precioso nacimiento humano. ¿Qué lo hace tan precioso? Digamos que hemos nacido en un país donde se nos permite pensar como queramos. Consideremos cuántos países hay en el mundo en los que no se puede pensar con libertad, ni cambiar de religión, ni leer libros sobre religión, ni acudir a centros de *dharma*. En muchos países del mundo no existen centros de *dharma* y ni siquiera se ha oído la palabra *buda*, o tal vez sí existan centros de *dharma*, pero uno no pueda ir porque pertenece a otra religión. Esto es mucho más común de lo que creemos si vivimos en países como la India, Estados Unidos, el Reino Unido o Australia.

Así que hemos nacido como seres humanos, estamos relativamente sanos, podemos pensar y nuestras mentes funcionan con claridad. Tenemos la libertad de pensar como queramos, leemos lo que nos apetece y estamos interesados en el *Dharma*. Lo más importante de todo. ¿Os dais cuenta de lo insólito que es esto? ¿Cuánta gente está interesada en algún *dharma*, no solo en acudir a sus dioses para pedir por la salud de sus hijos y que aprueben sus exámenes, o en conseguir un trabajo mejor y ganar más dinero, que es lo que la mayoría de la gente les pide a sus dioses, sino en querer realmente transformarse a sí mismos?

¿Cuánta gente va al templo para pedir la iluminación por el bien de todos los seres vivos? ¿Cuánta gente va al templo, aunque solo sea para pedir por el bienestar y la felicidad de los demás, fuera de su círculo familiar? Incluso tener alguna aspiración más allá del propio interés individual es algo raro, infrecuente.

Yo fui educada en un ambiente espiritista, y todas las semanas había reuniones en casa. Por entonces, yo tenía alrededor de siete u ocho años. Incluso a una edad tan temprana me daba cuenta de que todo el mundo quería contactar con alguien que había muerto, y preguntaban a los espíritus guía cosas como «Mi tía Edith va a operarse la próxima semana, ¿le va a ir bien?». Yo pensaba: «Así que hay gente ahí del otro lado; voy a preguntarles algo con sentido. Puede que tengan la respuesta, o quizás me den otro punto de vista». Y pregunté: «¿Dios existe?». Pensé que ellos debían de saberlo. Los espíritus guía me contestaron: «Bueno, nosotros no lo sabemos con certeza, pero lo que se comenta en el reino de los espíritus es que Dios no es una persona; y, en última instancia, existen la luz, el amor y la inteligencia». Así que pensé: «Estamos de acuerdo, lo compro».

En última instancia, existen la luz, el amor y la inteligencia en este universo. Y eso somos nosotros. No se trata de algo que esté ahí fuera; lo llevamos con nosotros. Es aquello con lo que estamos intentando reconectar: la luz, el amor y la inteligencia de nuestra naturaleza original, lo que somos realmente. Es importante no dejarnos llevar por cosas superfluas, sino recordar por qué estamos aquí en este planeta y darnos cuenta de que por qué este cuerpo humano es tan precioso, para que no desperdiciemos nuestra vida. De lo contrario, viviremos básicamente como un animal doméstico. ¿Qué quieren los animales? Por ejemplo, los perros que tenemos en el monasterio de DGL quieren tener comida, quieren estar cómodos. Cuando hace frío, se acurrucan en sus casetas; cuando hace buen tiempo, se estiran al sol. Si hace mucho calor, se tumban a la sombra. Andan buscando siempre la situación más cómoda. Les gusta la buena comida. Y si no han sido castrados, buscan aparearse. Si un perro extraño que parece amenazante se acerca, pelean con él para defender su territorio, pero si se trata de algún perro amigo, se pondrán a juguetear juntos.

Si llevamos una vida a ese nivel, involucionaremos hasta ser como un perro. De hecho, en la ciudad de Nueva York hay más tiendas para mascotas que salones de belleza. Las mascotas han llegado a ser como hijos. Todas esas mascotas con sus lacitos, sus diademas y sus abrigos. El tema es que si lo único que queremos es vivir cómodos y sentirnos amados y admirados, domesticados, nos convertiremos en un caniche, y habremos malgastado nuestro nacimiento como seres humanos. Es difícil obtener un nacimiento humano bien provisto de todas sus capacidades y ventajas. Si desaprovechamos ahora la oportunidad, será difícil volver a tenerla en el futuro. Todas las causas y condiciones se han juntado debido a los desvelos de nuestras vidas previas. Si no hacemos el esfuerzo para crear las causas y condiciones correctas en esta vida, perderemos la oportunidad. Ahora es el momento, puesto que no sabemos qué nos deparará el futuro.

Ahora el *Dharma* está aquí, los maestros están aquí, los libros también están aquí. Tenemos la libertad de escuchar y practicar; nadie nos lo impide. Si no hacemos uso completo de esta oportunidad ya mismo, la próxima vez quién sabe. Incluso más tarde en esta misma vida, quién sabe. El único tiempo del que podemos estar seguros en nuestra vida es el momento presente, eso es lo importante.

Lo que tenemos que hacer es *escuchar, reflexionar y meditar*. Primero hay que acumular conocimiento, para ello tenemos que escuchar las enseñanzas sobre el *Dharma*. Tradicionalmente, en los tiempos del Buda, las cosas no se ponían por escrito, por eso en los *sutras* siempre se habla de escuchar, porque no había libros. Lo primero que necesitamos es escuchar, lo cual incluye leer, estudiar, descargarnos materiales de internet, todo eso; cualquier adquisición de conocimiento es considerada «escuchar».

Escuchar significa estudiar el *Dharma*. Nos acercamos, leemos sobre el tema, oímos hablar y, a continuación, pensamos, reflexionamos sobre todo ello. No basta con haberlo conocido. Igual que sucede con la comida: tomamos un bocado, pero a continuación tenemos que masticar para poder digerir; no nos limitamos a tragar grandes bocados. Tenemos que pensar sobre lo que hemos leído, sobre lo que hemos oído, y tratar de entender al máximo. Si tenemos dudas, es normal, no hay problema. No hay que creer ciegamente. El *Dharma* dice que creemos en aquello que hemos entendido. Si no nos creemos algo, lo dejamos reposar por un tiempo, o incluso lo estudiamos más a fondo.

Cuando yo vivía en Lahaul[7], más o menos una vez al año, iba a ver a mi lama, el VIII Khamtrul Rinpoche, o el anterior, y siempre llevaba una larga lista de preguntas que me habían surgido durante el retiro. Solía tener una libreta a mano para, cuando un pensamiento o una duda me surgían, poder ponerlo por escrito y olvidarme de ello, en vez de llevarlo a todas horas en la memoria. Luego, cuando tenía la entrevista con el lama, él se recostaba en su asiento y me decía: «A ver, ¿dónde está tu lista?»; y yo sacaba la libreta con las preguntas. Creo que a Rinpoche le divertía, porque las preguntas iban y venían, las había de todo tipo, y a veces decía: «Oh, esto no me lo habían preguntado nunca. Déjame que piense…».

Había ciertos aspectos del budismo tibetano que no me los podía creer en absoluto, y él me decía: «No es problema, deja eso de lado por el momento». A veces se reía y decía: «No todo lo que lees en los libros es verdad». Incluso una vez me dijo: «Mira, eso lo solemos decir para asustar a la gente y que se comporte bien». A lo que voy es que uno no tiene que creérselo todo. No necesitamos temer que vaya a caer un rayo del cielo sobre nosotros si no nos lo creemos todo. No se trata de eso. Lo que necesitamos es una fe inteligente, una fe basada en nuestro propio razonamiento.

En ocasiones, yo digo que el budismo es «sentido común iluminado», porque cuando escuchamos la doctrina pensamos «Sí, esto tiene sentido». Pero si oímos o leemos algo y pensamos «Me parece que esto no suena muy bien», entonces dejémoslo de lado o estudiémoslo más a fondo. Quizá no lo hayamos entendido, o tal vez se trate de una verdad provisional, no de una verdad última. A veces se trata de creencias relativas a un contexto social y a una época. No tenemos que creer que el mundo es plano, con el Monte Meru en el centro y cuatro continentes, esa imagen es solo el modelo cosmológico de una época. Nadie a día de hoy va a ser llevado a la hoguera por creer que el mundo es esférico. El mundo es esférico, el mundo es plano, qué más da; en todo caso, su naturaleza es vacía. Pensad más allá de las apariencias, tratad de entender. Si no entendéis, leed más sobre ello, pensad más sobre ello, haced preguntas. La reflexión es una parte crucial del *Dharma*.

Y luego, lo más importante de lo que dice nuestro texto: meditad. En realidad, la palabra tibetana *gom* significa literalmente 'llegar a acostumbrarse o familiarizarse con algo'. De modo que lo que hay que hacer es practicar, poner nuestras ideas en acción. Uno de mis lamas decía: «Primero escuchas y estudias, luego reflexionas sobre ello, después te conviertes en ello». Ese es el asunto. Todo empieza en la cabeza, baja hasta el centro del corazón y nos transforma. Entonces, espontáneamente, lo que decimos, lo que pensamos, lo que hacemos, surge de forma natural de nuestra comprensión.

Esto es muy importante, ya que el mero aprendizaje no nos va a ayudar. Una vez fui a ver a Trijang Rinpoche, que era uno de los tutores principales de su santidad el Dalái Lama. Por supuesto, lo primero que me preguntó fue: «¿Quién es tu lama?». Yo contesté: «Khamtrul Rinpoche», y él respondió: «¡Ah, kagyu! Los kagyupas son gente de práctica, ahí ponen todo su énfasis». Luego, se volvió hacia su secretario y añadió: «En el momento de la muerte, ¿qué es lo que nos puede ayudar, ¿una cabeza llena de conocimiento libresco, o una comprensión y una realización genuinas colocadas en nuestro corazón? No necesitamos estudiar mucho. Lo que de verdad necesitamos es estudiar un poco, comprender bien lo que hemos leído y, a continuación, practicarlo hasta que se instale en nuestro corazón. Eso es lo único que nos va a servir de ayuda».

Sin práctica y comprensión que se albergue en nuestro corazón, el estudio no es más que aprendizaje sin fin, mero aprendizaje, simple aprendizaje que nada transforma en nuestro interior. Si alguien nos dice algo feo y nos sentimos molestos, y reaccionamos pensando «¡Cómo puede decirme esto a mí!», entonces para qué nos ha servido todo el aprendizaje. No hemos aprendido nada.

Estas tres cosas son muy importantes. Primero, hay que estudiar y conocer qué es lo que vamos a hacer, después reflexionar sobre ello hasta comprenderlo del todo y, finalmente, incorporarlo a nuestras vidas y convertirnos en ello. Ese es el trabajo que tenemos por delante.

Día y noche, sin distracción, es la práctica del bodhisattva.

Esto significa que cualquier cosa que suceda, incluso si pasa en una película que estemos viendo, debemos intentar verlo desde la perspectiva del *Dharma*. Por ejemplo, si la película es un drama romántico lleno de apego, de celos y de peleas, debemos verla con claridad mental y apertura del corazón. Día y noche, constantemente, practicamos el camino del *bodhisattva*. Dilgo Khyentse Rinpoche comenta lo siguiente respecto a este verso:

> Cada día, recuérdate a ti mismo que si no estudias y reflexionas sobre las enseñanzas, si no meditas y recitas oraciones y mantras, en el momento de la muerte estarás indefenso. La muerte es cierta. Si esperas a que llegue para empezar a practicar, será demasiado tarde.[8]

No hay tiempo libre si eres un *bodhisattva*. Veinticuatro horas al día, siete días a la semana. ¡Qué más puedo decir!

2. Abandonar el apego y el rechazo

En mi tierra natal, oleadas de apego a los familiares y amigos surgen,
el odio hacia los enemigos se propaga como el fuego,
la oscuridad de la ignorancia, que nos impide saber qué elegir y qué evitar, se espesa.
Abandonar la tierra natal es la práctica del bodhisattva.

Esta segunda estrofa no se refiere solo a nuestra tierra nativa externa. No significa únicamente que tengamos que cruzar el mundo para practicar, ya que llevaremos nuestra mente encima, y es ella la que contiene todo ese apego, todo ese odio y la oscuridad de la ignorancia.

Por una parte, la gente está atada a sus relaciones habituales. Dilgo Khyentse Rinpoche lo comenta así:

El significado de abandonar la tierra natal es desprenderse de las emociones de apego y de odio, y de la oscura ignorancia que impregna ambas. Estos tres venenos, en general, se encuentran mucho más activos en las relaciones que se establecen con la familia y los amigos en la propia tierra.[9]

Cuán a menudo las personas reaccionan entre sí por los viejos hábitos, sin siquiera ser realmente conscientes de ello. Un montón de negatividades se manifiestan a causa de la forma habitual de comportarse y de hablarse unos a otros, entre quienes se tienen confianza. Tal vez los patrones se adquirieron en la infancia y han continuado hasta el presente.

Por otra parte, es bueno ser capaz de irse y obtener una nueva perspectiva en un entorno diferente, donde tratemos de incorporar otras formas mejores de relación con los demás. El problema real es que «tierra natal» significa nuestras reacciones habituales; eso es lo que debemos dejar atrás. Y la forma de hacerlo es empezar por ser consciente de ellas.

Oleadas de apego surgen en nosotros y a nuestro alrededor. Vamos perdidos, debatiéndonos en el inmenso océano de cuidarnos unos a otros y sufrir por los demás, y temer que nos abandonen, y volviendo a ser felices de nuevo cuando nos dicen que nos quieren. Los padres con los hijos, las relaciones de pareja, todo eso; hay tantas vicisitudes que es raro que encontremos la tranquilidad de las aguas calmadas. Las oleadas de nuestras esperanzas y nuestros miedos nos proyectan arriba y abajo. Y todo se debe a nuestro apego. Apego no significa amor; hay una gran diferencia entre amor y apego. El Buda dijo que la causa de nuestro sufrimiento, de nuestro *duhkha*, es el apego, el aferrarse y el sujetar.

Sin embargo, el amor y la compasión, que son cualidades esenciales para el camino, son asuntos diferentes. De hecho, son lo opuesto del aferramiento y la sujeción. Se trata de una de las distinciones más difíciles de entender para nosotros, la gente común, debido a que en nuestra sociedad existe la creencia de que cuanto más apegados estamos, más afectuosos somos. Pero, sencillamente, esto es falso. El apego es una trampa, porque básicamente su discurso es: «Quiero que me hagas feliz y que me hagas sentir bien». Por el contrario, el amor dice: «Quiero hacerte feliz y hacer que te sientas bien». No se trata de mí. Si estar conmigo te hace sentirte bien y feliz, estupendo; si no, dejémoslo. Lo importante es que el amor nos permite gestionar las cosas con amabilidad, en vez de agarrarlas férreamente. Una diferencia importante.

Como ejemplo, contaré la historia de mi madre. Mi padre murió cuando yo tenía dos años, así que él desapareció enseguida, y mi madre tuvo que criarnos a mi hermano y a mí ella sola. Llegado el momento, mi hermano entró en la Royal Air Force y lo trasladaron a Malasia, de modo que ya solo quedé yo en casa. Mi madre y yo nos llevábamos muy bien. Ella también estaba interesada en el budismo, e íbamos juntas a las reuniones de *dharma* y albergábamos a los lamas y los monjes que venían de visita a Londres por aquel entonces.

Cuando cumplí los diecinueve años, recibí una carta de la India diciéndome que había trabajo allí para mí y pidiéndome que acudiera. Recuerdo que fui corriendo por la calle para encontrarme con mi madre, que volvía de su trabajo, y que le dije: «¡Oh, me voy a la India!». Y ella me contestó: «¿De verdad, cariño? ¿Y cuándo te marchas?». No dijo con voz entrecortada:

«¿Te vas a la India? ¡Cómo puedes abandonar así a tu pobre madre! Me quedaré sola, sin nadie que me cuide, ahora que me estoy haciendo mayor». Nunca dijo nada por el estilo, y no porque no me amara, sino porque me amaba y quería lo que era bueno para mí, aunque no la incluyera a ella.

Más adelante, cuando yo ya estaba en la India, cada diez años o así me decía en alguna carta: «¿Si te compro un billete de ida y vuelta, vendrías a pasar un mes conmigo?». De manera que, cada diez años, pasaba un tiempo con mi madre y, luego, regresaba a la India. Ella vino también a la India en una ocasión, y estuvo un año. Le encantaba la India –era muy diferente a como es hoy día, pero le encantaba–. Le gustaba mucho el país, los indios, los tibetanos, pero cogió una enfermedad a causa de la comida y tuvo que regresar a Inglaterra. Eso era amor.

Hay un dibujante australiano llamado Michael Leunig que hizo una serie sobre el respeto a los demás y cómo mostrarles amor. Uno de sus ejemplos era tener en las manos un pollito de un día. Lo agarras con cuidado, suavemente, porque si lo aprietas, ¡se acabó el pollito! Así es el amor.

El amor es una efusión de solicitud y de deseo de que el otro sea feliz, pero no contigo ahí clavado en medio. Controlando: «Quiero seas feliz, pero solo si tu felicidad me incluye a mí». Debido a que estamos tan apegados a nuestras familias, y a que es difícil no permanecer atado, la segunda estrofa usa el ejemplo de irse de la tierra natal. Sin embargo, no quiere decir que hayamos de abandonar necesariamente el hogar. Lo que trata de decir es que hemos de empezar a pensar de forma diferente respecto a las personas a las que amamos –una forma que se preocupe de manera genuina por ellas y les desee el bien, les permita ser quienes son sin intentar manipularlas ni hacerles decir o hacer lo que nosotros queremos porque eso nos haría felices–. Una forma que les permita ser quienes son y les deje libertad para vivir su vida, nos incluya a nosotros o no.

Empezaremos por practicar con las personas a las que amamos, que son las más cercanas a nosotros. Trataremos de amarlas de verdad, tal como son, sean lo que sean, sin ánimo de control. Recuerdo que un día, cuando tenía quince o dieciséis años, mi madre, sin venir a cuento, me dijo: «Quiero que sepas que hagas lo que hagas nunca dejaré de amarte». Eso es amor. Yo no había hecho nada en particular, pero agradecí lo que me dijo, y supe que sería cierto. Cualquier cosa que luego hice siempre tuvo el apoyo de mi madre, sin ningún intento de manipulación, permitiéndome ser quien yo era y queriéndome como era.

Otro problema es que, si permanecemos de manera continua en el mismo entorno, es fácil cultivar antipatías y conflictos; algunos de los cuales pueden provenir incluso de la infancia. Nos gusta tal persona pero no tal otra. Es fácil sentir una hostilidad duradera hacia vecinos, e incluso hermanos, cuando aún no hemos hecho el trabajo de analizar por qué sentimos como sentimos. No es fácil ver a la gente que conocemos, por ejemplo los miembros de nuestra familia, tal como son, en vez de como una proyección propia.

De modo que a veces ayuda alejarse un poco, y volver a ver a la gente que nos es muy próxima como si no los conociéramos de nada. Solo para deshacernos de nuestros prejuicios, ideas y opiniones, y mirarlos de nuevo, sin juicios previos. Escucharlos. Oírlos como si fuera por primera vez. Verlos como si fuera la primera vez, partiendo de cero. Permanecemos aferrados a nuestros juicios y reacciones habituales, con apego incondicional o antipatía sin remedio. Incluso personas que se aman viven a menudo en un círculo vicioso de hostilidad que no tratan de analizar. Discuten entre ellas a todas horas y no se escuchan la una a la otra. Como en una de esas telenovelas que reponen una y otra vez. ¿Por qué no cambiar de canal?

Por tanto, eso es lo que significa abandonar la tierra propia. No solo irnos de allí físicamente, sino, lo que es mucho más importante, movernos interiormente hacia un nuevo lugar. Esto es esencial, y es la razón por la que este consejo se presenta al inicio mismo de la práctica. Para empezar de verdad viendo las cosas desde un ángulo distinto, como si nos hubiéramos trasladado a otro lugar, conociendo gente nueva por primera vez, y mirándola con afecto y con el deseo de que sean felices. Básicamente, viendo a la gente sin prejuicios.

Otra práctica útil es tomar distancia y escucharse hablar a uno mismo. Sin juzgarse, solo escuchar: el tono de la voz; el lenguaje que usamos; la forma de hablar y lo que decimos. A menudo no somos conscientes de nada de todo esto. Lo hacemos de manera automática. Cómo le hablamos a una persona en comparación con cómo nos dirigimos a otra. Escúchate. No nos escuchamos a nosotros mismos. Suele suceder que si alguien le da para atrás a una grabación, la persona que habla no reconoce su propia voz. «¡Oh, Dios mío!, ¿es esa mi voz?».

Podemos intentar ver las cosas de modo diferente. Es fundamental mirar nuestra mente y empezar a hacer en ella limpieza de toda la basura y los escombros que hay por todas partes, como si se tratara de un antiguo ático. Ponemos orden en todo ello y pensamos: «¿Cómo es posible que haya aguantado todo esto encima?». Podemos empezar tirando cosas y poniendo un poco de orden. Especialmente en lo que concierne a nuestra forma usual de responder. Porque las enseñanzas de *lojong* tratan sobre la forma de cultivar respuestas hábiles, en lugar de nuestras torpes respuestas habituales. Necesitamos mirar, poner en cuestión y analizar, sin fingimiento. Necesitamos cultivar un cambio interior. Donde veamos que nuestras reacciones no son útiles, porque son negativas, ahí está nuestro camino. Esa es la práctica. Cambiar para transformarnos. Todo puede ser cambiado.

La oscuridad de la ignorancia se refiere al hecho de que todo el problema procede de no ver con claridad. ¿Por qué estamos unidos de forma tan obsesiva a otras personas? ¿Por qué nos enfadamos con las personas que no hacen lo que nosotros queremos que hagan? ¿Por qué seguimos diciendo y haciendo las mismas cosas erróneas cuando sabemos que es una equivocación? ¿Por qué no hacemos lo que sabemos que sería provechoso? En última instancia, la respuesta está en la oscuridad de nuestra falta de inteligencia, aunque también en parte se debe a la fuerza de la inercia. Lo más fácil es dejarse llevar por la forma en que nos hemos comportado siempre. Cambiar exige una gran cantidad de autoconciencia y de esfuerzo.

A pesar de que sabemos que dejarnos llevar por nuestra conducta habitual no conduce a nada, salvo a crear más problemas, aun así, somos víctimas de un sentimiento de pesadumbre cuando llega el momento de cambiar. Una especie de espesa niebla invade nuestra mente y nos impide ver con claridad: ¿qué podríamos hacer de forma diferente?, ¿qué sería lo útil y qué lo inútil? Aunque hayamos leído mil veces sobre ello, seguimos estando atrapados en los viejos patrones de conducta.

Cambiar hábitos físicos es un reto, pero cambiar hábitos emocionales y mentales es mucho más que un reto. Sin embargo, lo mejor es que se trata de algo posible. Actualmente, los neurocientíficos están muy atareados mapeando nuestro cerebro, y la buena noticia es que dicen que podemos crear nuevas conexiones neuronales. Incluso podemos, poco a poco, clausurar viejas conexiones neuronales. Nuestras mentes y nuestras conductas no están grabadas en piedra. El cerebro es un órgano maleable; puede cambiar. Es como un río que fluye por su cauce, pero puede ser desviado por otro camino.

De la misma forma, nosotros podemos formar nuevos cauces. Podemos crear nuevos caminos. Imaginad un bosque atravesado por una senda conocida que es la que siempre usamos. Tras un tiempo, el camino aparece bien marcado, compacto y limpio, de manera que sabemos exactamente adónde nos lleva. Pero ya no queremos usar ese camino. Por ejemplo, alguien nos dice algo desagradable y nos sentimos molestos, enfadados y hasta heridos, que es la respuesta del ego cuando se entristece porque no se siente amado.

Ya no queremos volver a usar ese camino inútil que no lleva a ninguna parte. Queremos ir por el nuevo camino de las respuestas hábiles, aunque la senda aún no está marcada. Hasta ahora, nunca habíamos intentado esta nueva forma de pensar: «Muchas gracias, me alegro de que te hayas comportado de esa forma tan descortés, porque así puedo practicar la paciencia». No existe aún en nuestro cerebro una rutina para ello, y hemos de crearla. De manera que empezamos a pisar por la nueva senda, pero la hierba se recupera cada vez que la pisamos y da la impresión de que no vamos a ser capaces de volver a encontrar ese camino. Sin embargo, si persistimos día tras día, finalmente la senda aparece.

A continuación, de forma gradual, las hierbas y las flores comienzan a brotar en el viejo camino que parecía tan permanente y, tras un tiempo, ya no queda ni rastro de él. La nueva senda se ha convertido en el camino. Pero esto solo ha sido posible gracias al esfuerzo mantenido. No sucede de la noche a la mañana. No es así. Cualquiera que os prometa que puede lograrse sin esfuerzo os estará engañando, porque se trata de hábitos hondamente arraigados en nuestra psique, con fuertes y profundas raíces. La transformación requiere una gran cantidad de consciencia, esfuerzo y determinación. La buena noticia es que todos podemos cambiar; por supuesto que podemos. A este respecto, el Buda dijo: «Sí, podemos cambiar. Si no pudiéramos, no os animaría a hacerlo, pero puesto que podéis os digo que os pongáis sin falta a ello».

Sin embargo, no hay que olvidar que nadie, ni siquiera el mismo Buda, puede hacerlo por nosotros. Depende de nosotros. Los maestros pueden ayudar. Pueden ofrecer guía y animarnos, pero no pueden hacerlo por nosotros; si pudieran, lo harían. Hay que aceptar que somos los responsables de nuestra propia mente-corazón, aunque haya otras personas ahí para ayudarnos –ya sea con su amabilidad o con su forma de ser hostil y ofensiva–. De una u otra forma, son amigos espirituales auténticos tal como el texto lo explicará más adelante.

Reconocemos que estos tres venenos que anidan en nuestro corazón –el apego, la cólera y nuestra inconsciencia básica, la ignorancia– son las causas de nuestro sufrimiento en el *sam-sara*. No se encuentran fuera, se hallan dentro de nosotros. Podemos hacer algo al respecto. Este es el mensaje. No tenemos que descartar nada, pensando que se trata de un obstáculo para la práctica. De hecho, todo sirve de ayuda a nuestra práctica si tenemos la actitud correcta. Es cuestión de cambiar nuestras reacciones. Eso es todo.

3. Los beneficios de la soledad

Cuando los lugares desfavorables se abandonan, las emociones perturbadoras se desvanecen gradualmente;
cuando no hay distracciones, las actividades positivas aumentan de forma natural;
cuando la consciencia se hace más clara, la confianza en el Dharma *crece.*
Permanecer en soledad es la práctica del bodhisattva.

Sobre esta estrofa, Dilgo Khyentse comenta: «Cuando se vive en un lugar solitario, las emociones negativas disminuyen de forma gradual, y el autocontrol y la sobriedad aumentan».[10] Estos textos fueron escritos para monjes y eremitas, que vivían normalmente en lugares solitarios, pero podemos interpretarlos de una forma más extensiva. No se trata exclusivamente de la soledad exterior; significa también soledad interior. *Cuando los lugares desfavorables se abandonan, las emociones per-*

turbadoras se desvanecen gradualmente. El asunto es: ¿qué consideramos *lugares desfavorables*?

Los cimientos del budismo son la renuncia. En tibetano, la palabra para renuncia es *ngejung*, que significa 'librarse realmente de algo'. Si somos serios sobre convertirnos en maestros de nuestra mente, en vez de en esclavos de nuestras emociones, si nos dedicamos a llevar una vida que sea de beneficio para nosotros y para los demás, tenemos que ser selectivos. No podemos hacer de todo en el tiempo que nos toque vivir. No podemos pasar las noches de fiesta y, a continuación, levantarnos a las cinco de la madrugada para hacer nuestra práctica. Es decir, sí que podemos, pero no funcionaría muy bien. Hemos de decidir qué es lo realmente importante para nosotros en la vida y qué no lo es, y simplificar. Esto es la renuncia.

La renuncia es examinar nuestra vida y nuestras actividades, y reconocer qué es contraproducente para nuestro camino espiritual –qué es una distracción, qué fortalece el crecimiento de las emociones negativas y debilita el de las positivas–. Y a continuación podemos decidir que ya no estamos interesados en vivir de esa forma. En inglés, la palabra «renuncia» transmite una sensación de apretar los dientes y prescindir de algo que deseamos mucho y sabemos que no nos conviene. Cuando yo tenía dieciocho años y me hice budista, dejé a Elvis Presley. Me deshice de todos mis discos y revistas pensando que estaba haciendo una renuncia, pero esto no es exactamente lo que «renuncia» significa.

Cuando somos niños tenemos juguetes favoritos, por ejemplo un osito de peluche, que llevamos a todas partes con nosotros, y al que tenemos verdadero amor. Y aunque esté sucio y pelado y le falte un ojo, lo amamos. Si intentan quitárnoslo, nos producirá un gran dolor. Algo se rompe en nuestro corazón. No estamos preparados para renunciar a nuestro osito. Pero, a medida que nos hacemos mayores, el interés por nuestros juguetes infantiles se desvanece. Ya no les prestamos atención. Los reemplazamos por juegos de ordenador o similares. Hemos cambiado nuestro objeto de deseo. Ahora tenemos otros intereses. Ya no nos importa si perdemos nuestro osito de peluche. Se nos ha quedado pequeño.

A medida que la maravilla del *Dharma* se apodera más y más de nuestra vida, perdemos el interés en las demás cosas que previamente nos habían parecido tan importantes. Es como las hojas de un árbol en primavera y verano, cuando el árbol está en plena floración. Si tratamos de quitarle al árbol sus hojas, notaremos una gran resistencia, porque las hojas están firmemente prendidas. Pero al llegar el otoño, esa unión se debilita y las hojas se desprenden de manera natural. Caen, porque están listas para el nuevo crecimiento.

De forma análoga, al ritmo del crecimiento de nuestro interés y compromiso con el *Dharma*, nuestro interés e implicación en otras actividades mundanas se va desdibujando. Estamos luchando por crecer y ser adultos, en el verdadero sentido de la palabra. El Buda llama a la gente ordinaria atrapada en las distracciones mundanas «pueriles». Estamos intentando madurar. Con frecuencia el camino es llamado *mindrol*. El término *minpa* significa 'en sazón', 'maduro', y el término *drol* significa 'liberado', 'ser libre'. Tenemos que llevar al punto de maduración nuestra corriente mental para ser liberados.

Si las instrucciones dicen *Cuando los lugares desfavorables se abandonan, las emociones perturbadoras se desvanecen gradualmente*, no se refieren solo a irse a otro país. También puede entenderse por cambiar las circunstancias externas que no nos son provechosas, como ver televisión o usar el móvil y el ordenador sin parar, ir de fiesta y beber, o sencillamente dedicar demasiado tiempo al chismorreo y la cháchara mundana. Esas situaciones perturban en gran medida la mente. Por tanto, es beneficioso evitar ese tipo de actividades y, en cambio, frecuentar lugares donde la gente esté interesada en cuestiones más espirituales, como centros de *dharma* u otros que gocen de una atmósfera positiva. Debemos asociarnos con personas que sean amables y muestren valores éticos, y tengan conversaciones sobre temas con verdadero sentido. Estos son buenos lugares en que las emociones negativas propias comienzan a disminuir.

Debemos buscar lo más que podamos entornos donde las emociones aflictivas, como el odio, la agresividad, los celos y los apegos, no prevalezcan. De esa forma, nuestras buenas cualidades tendrán la oportunidad de fortalecerse, porque todo el mundo estará tratando de ser amable y amistoso, de modo que uno se sienta de forma natural atraído a serlo también. Es lo común cuando nos hallamos en un ambiente en el que esas cualidades son apreciadas y valoradas.

Y también es importante ser selectivo con las relaciones que mantenemos. Más adelante, el texto nos hablará sobre rehuir las malas compañías. El sentido de ello es que, como seres vivos ordinarios que somos, nos vemos influidos por la sociedad que nos rodea, en general mucho más de lo que estamos dispuestos a admitir. A menos que tengamos mucho cuidado, con frecuencia adoptamos los valores de la gente con la que vamos. Por consiguiente, si nos relacionamos con personas que solo tienen objetivos y distracciones mundanas, gradualmente, paso a paso, nuestro interés por el *Dharma* comenzará a decaer, y nuestra fascinación por los fenómenos externos aumentará. A pesar de que no lo hagamos a propósito, sucederá de manera natural.

Así que debemos ser selectivos. Esto no quiere decir que tengamos que ser despreciativos con la gente que no medita seis horas al día, significa que debemos relacionarnos estrechamente con personas que poseen el mismo tipo de valores y aprecio por la vida dhármica. Si no son budistas, al menos que sean buenas personas de verdad. Como suele decirse, si metemos un trozo de madera ordinaria en una caja de sándalo, adquirirá olor a sándalo. Pero si lo enterramos en una pila de estiércol, se impregnará, por supuesto, de olor a estiércol. Hemos de tener cuidado.

A medida que practicamos y nuestras mentes comienzan a serenarse, nuestra virtud innata sale a la superficie, y nuestro aprecio por el *Dharma* aumenta. Nadie venera el *Dharma* del modo en que lo hacen los grandes maestros realizados. Apenas oyen una palabra del *Dharma*, sus ojos se llenan de lágrimas, aunque hayan escuchado ese fragmento un millón de veces. Como saben lo precioso que es el *Dharma*, no solo lo han estudiado, no solo han reflexionado sobre él, se han convertido en el *Dharma*. Su aprecio y devoción son genuinos, y su gratitud es inmensa.

Cuando nuestras mentes comienzan a ver las cosas con más claridad, con menos engaño y menos prejuicios, más objetivamente, y nuestro malestar, nuestro enfado y las defensas del ego se relajan, entonces una increíble gratitud hacia los budas –y hacia todos los maestros que han venido tras ellos y han preservado este precioso linaje– surge de forma espontánea en nuestro corazón. Nuestra fe se vuelve natural. Cuando imaginamos lo que sería un mundo –y nuestras vidas– sin el *Dharma*, nos sentimos hondamente agradecidos. Con una gratitud profunda.

Aunque la práctica de abandonar los lugares perniciosos, para favorecer que las emociones perturbadoras se desvanezcan, no suele ser fácil, sin embargo, es posible. A medida que avancemos en las prácticas que propone nuestro texto, nos daremos cuenta de que en realidad está siguiendo los cuatro pensamientos que apartan nuestra de mente de los intereses mundanos y la dirigen hacia el *Dharma* del Buda. Estos cuatro pensamientos son una poderosa práctica en sí mismos, y consisten en:

1. Contemplar nuestra preciosa vida humana, para que crezca la gratitud por nuestra existencia.
2. Contemplar la transitoriedad y la muerte, para que aprovechemos las oportunidades de esta vida en el momento presente.
3. Contemplar el *karma*, o ley de causa y efecto, para que tomemos conciencia de que cada acción que realizamos tiene consecuencias sobre nosotros mismos y sobre los demás.
4. Contemplar el sufrimiento de la existencia cíclica –el *samsara*–, para que dejemos de estar fascinados por las cosas mundanas.

Ya hemos hablado de la preciosa existencia humana y de la suerte que tenemos de estar aquí con todas las capacidades de las que estamos dotados. El siguiente pensamiento es la transitoriedad, que es lo que vamos a considerar a continuación.

4. Recordar la transitoriedad

Los amigos íntimos que han estado juntos
durante largo tiempo deberán separarse,
la riqueza y las posesiones acumuladas
con tanto esfuerzo deberán dejarse atrás,
la consciencia, ese huésped, deberá salir
del hotel del cuerpo.
Abandonar las preocupaciones de esta vida
es la práctica del bodhisattva.

Sin duda, esta estrofa atenta directamente contra la mentalidad de nuestra moderna sociedad de consumo, centrada por completo en esta vida y en cómo la felicidad depende de las relaciones íntimas, del éxito, del dinero, de las posesiones; cuanto más se tiene, más se es. El texto subraya que nuestra consciencia no es sino un huésped en un hotel. Este cuerpo está aquí solo por un corto espacio de tiempo. Dure lo que dure la vida, medida en tiempo cósmico es menos que un chasquido de dedos. Entonces, el huésped deberá salir y buscar un nuevo hotel. Dicho de otra forma, absolutamente todo es transitorio. Y eso nos incluye a nosotros mismos. Además, todas las cosas que hayamos acumulado deberán ser dejadas atrás para otros, aunque nos haya costado la vida entera reunirlas y acumularlas. Al final, sin importar quiénes seamos, no nos llevaremos una sola moneda con nosotros, nada. Por muchos amantes y amigos, discípulos y seguidores que tengamos, ninguno podrá seguirnos. Estaremos solos. Desnudos. La única cosa que nos llevaremos serán nuestras improntas mentales. ¿Y qué estamos haciendo al respecto? Dilgo Khyentse Rinpoche señala lo siguiente:

> Las preocupaciones mundanas ordinarias solo acarrean decepciones y sufrimiento, en esta vida y en la siguiente. Las apariencias del *samsara* son altamente inestables, siempre cambiantes y transitorias, como el relámpago cuando cruza el cielo nocturno. Reflexionar sobre la transitoriedad de todos los fenómenos ayuda a darle un giro a nuestra mente hacia el *Dharma*.[11]

Recientemente leí un artículo escrito por una mujer que había pasado muchos años trabajando en cuidados paliativos y con gente que había superado enfermedades terminales. Hacía una serie de observaciones que eran muy comunes entre todos ellos. Una era la tremenda transformación que se producía cuando aceptaban que iban a morir, sobre lo cual la mayoría de las personas no están dispuestas ni siquiera a pensar. Agradecían que la muerte estuviera ahí. Por supuesto, todos vamos a morir. No tenemos que ser pacientes de cáncer para saberlo, pero normalmente la gente no está dispuesta a pensar en ello. Ahora esos pacientes tenían que hacerlo.

Esto había transformado sus vidas, porque habían comenzado a reconocer qué es lo importante y qué no. Una de las cosas de las que más se arrepentían era la de haber dedicado un montón de tiempo de su vida a trabajar con el fin de conseguir posesiones –buenas casas, coches y más coches, un puesto importante en la empresa, y cosas por el estilo–, en vez de conceder más espacio y energía a lo que es importante de verdad, como pasar más tiempo con los hijos y la pareja, prestar más atención a los asuntos espirituales e implicarse en las actividades importantes de este mundo. Se habían dejado llevar por la creencia de que lo importante era triunfar en la vida. Este era el pesar fundamental que estas personas tenían, lo cual da que pensar.

Muchos de ellos, además, se sentían felices por tener aún tiempo para pedir perdón a las personas a las que habían herido, y para decirle a las que amaban cuánto las amaban realmente. Habían reevaluado su vida entera, y resultaba que lo más importante era lo que habían dado al mundo, en vez de lo que el mundo les había dado a ellos.

Una de las cosas buenas del budismo es que habla mucho de la muerte. Esto es importante, porque hablar de la muerte nos recuerda que estamos vivos y que debemos evaluar qué estamos haciendo con nuestra vida, ya que no vamos a estar aquí para siempre. Podemos apreciar algo cuando sabemos que lo vamos a perder. Si creemos que lo vamos a tener para siempre, dejamos de valorarlo.

Cuando era pequeña solía pensar que todos íbamos viajando en tren y que de un momento a otro iba a descarrilar, solo que no sabíamos cuándo. ¿Por qué perdíamos el tiempo mirando por la ventana y yéndonos a dormir? ¿Por qué no hacíamos algo más importante en el poco tiempo que nos quedaba antes de que el tren descarrilara? No recuerdo si yo hacía algo al respecto, pero esa era mi sensibilidad.

Es importante reconocer que hasta las personas más cercanas que han estado con nosotros desde el principio un día van a tener que irse, y que no sabemos cuándo. Solo porque amemos a alguien, eso no quiere decir que vayamos a estar con esa persona para siempre. No es posible. ¿Dónde están las personas por las que, en nuestro renacimiento anterior, hubiéramos dado la vida de tanto que las amábamos? Y en el próximo renacimiento habrá un completo *casting* nuevo.

Pasamos mucho tiempo tratando de cuidar las relaciones que nos resultan valiosas mientras las tenemos, y debemos de hacerlas además tan armoniosas como sea posible, porque no van a durar para siempre. También las posesiones mundanas al final tendrán que ser abandonadas. Debemos reconocer que todo lo que hayamos conseguido lo dejaremos atrás. Solo nos llevaremos con nosotros las semillas kármicas, nuestros *samskaras*, nuestros patrones mentales habituales. Y, en general, somos poco cuidadosos respecto a las huellas kármicas que quedan impresas en el sustrato de nuestra consciencia. Y sí, esa es nuestra riqueza. Eso es lo que nos podremos llevar.

En este mismo momento, todo nuestro futuro, no solo el de esta vida sino también el de las próximas vidas, está decidiéndose. En lo que estamos haciendo con nuestra mente, con nuestra habla, con nuestro cuerpo. Momento tras momento, estamos creando nuestro futuro. Nadie puede hacerlo por nosotros. Por tanto, cómo decidimos emplear el tiempo, si en practicar o en frivolidades, y con quién decidimos emplearlo, son claramente cuestiones de crucial importancia.

5. Valorar a los buenos amigos

En malas compañías, los tres venenos crecen con fuerza,
la escucha, la reflexión y la meditación declinan,
y la bondad amorosa y la compasión se desvanecen.
Evitar amigos indeseables es la práctica del bodhisattva.

De nuevo volvemos al tema de que somos fáciles de influir, y si pasamos el rato con la clase de gente inapropiada, empezamos a contagiarnos de sus actitudes, y deseamos ser parte del grupo. Dilgo Khyentse Rinpoche explica que:

Un cristal, cuando se pone sobre una prenda de vestir, adquiere el color de dicha prenda, ya sea blanca, amarilla, roja o negra. Del mismo modo, los amigos con los que estáis en compañía más a menudo, bien sean apropiados o inapropiados, influirán sobremanera en la dirección que tome vuestra vida y vuestra práctica.[12]

Empezamos imitando y adoptando malos hábitos. Sabemos bien que, entre los jóvenes, una de las razones por las que tantos se acostumbran a beber, a las drogas, al sexo promiscuo, y a todas estas cosas, no es necesariamente porque estén interesados; es porque quieren formar parte de la pandilla. Quieren pertenecer a ella. Por tanto, se juntan con la gente equivocada y se van con ellos; luego es difícil salir. A veces acaban drogadictos o metidos en serios problemas. Así que debemos ser cuidadosos. El Buda mismo dijo que el compañerismo era esencial para el camino.

Intentamos, tanto como sea posible, estar con gente que nos sea inspiradora, cuyo ejemplo queremos seguir, debido a que nos arrastra a la virtud y nos ayuda a superar nuestras emociones negativas. De lo contrario, es difícil. Está claro que si nuestra familia no tiene un talante marcadamente espiritual, no vamos a ignorarla, pero tampoco tenemos por qué seguir sus valores. Por ejemplo, si en nuestra familia se come mucha carne y nosotros queremos ser vegetarianos, nos haremos vegetarianos. No tenemos que comer carne solo porque ellos lo hagan.

Estando en Italia, tuvieron que hospitalizarme, y dije que yo era vegetariana. Por entonces, nunca habían oído nada semejante. Así que el jefe de cocina vino a verme para averiguar qué podía cocinarme. Me dijo: «Vaya, ¿y por qué eres vegetariana?». Dado que mi italiano no era muy bueno, le contesté lo más simple que se me ocurrió. Cité a Bernard Shaw, que había sido vegetariano: «Los animales son mis amigos, y yo no me como a mis amigos». El chef dijo: «¡Ah! ¡Sì, certo, certo!». Y me cocinó un delicioso menú vegetariano. El resto de la sala tuvo mucha envidia.

La cuestión es que no tenemos por qué adoptar los valores de los demás si creemos que no son los adecuados para nosotros. De hecho, si seguimos fieles a nuestro estilo de vida y podemos explicar de manera simple las razones de ello, la gente suele interesarse. Incluso puede que nos sigan. Por ejemplo, si sois vegetarianos, los demás empezarán a pensar en ello y a darse cuenta de que están comiendo animales cuyo único deseo es seguir vivos, como es el deseo de cualquier ser vivo. Y tal vez, con el tiempo, otras personas de la familia se harán vegetarianas, o al menos disminuirán su dieta carnívora, lo cual no les va a hacer ningún daño.

Y si no podemos ser un ejemplo, ¡qué pasa! No hace falta que seamos budas que irradien luz, basta con que seamos personas íntegras, honestas y bondadosas; la gente simpatizará. No hay ni que decir nada. Se sentirán atraídos. El tema de la facilidad con que somos influidos por las compañías que frecuentamos es capital. En la medida de lo posible, intentemos entablar amistad con personas cuyo modo de vida y valores estimamos y honramos de verdad. No es necesario que sean budistas, ni que pertenezcan a ningún otro grupo espiritual, pero sí que sean gente buena; y tratemos de emularlos.

Debemos tener cuidado con la gente que parece encantadora y amistosa, pero, sin embargo, ostenta valores erróneos para nosotros. Gente que solo piensa en el dinero, confort, comida, relaciones íntimas, y que puede ser cautivadora, pero con la que hay que andar atentos. Somos como tiernos plantones que necesitan protección de los fuertes vientos, que pueden destruirlos. El crecimiento necesita alimento, protección y abono. Si empezamos a fumigar con fertilizantes nocivos, entonces se acabó. Las ideas y los pensamientos negativos son como el veneno.

A veces da la impresión de que una fruta es grande y hermosa, pero no tiene sabor y su pulpa carece de vida. En el monasterio solemos testar nuestra comida con el péndulo. Por supuesto, el café, el azúcar y todo ese tipo de productos dan negativo, pero también testamos las manzanas, las naranjas, las zanahorias. Las grandes y bien formadas zanahorias suelen dejar indiferente al péndulo, o hacerlo girar ligeramente en dirección negativa. Cuando probamos con los productos orgánicos, el péndulo comienza a girar de forma entusiasta en sentido positivo.

En conclusión, hasta las cosas que tienen una apariencia externa hermosa pueden estar desprovistas de esencia. Carecer de valor. Belleza exterior, sin nada dentro. Como las rosas de hoy día: parecen hermosas, pero no tienen fragancia. Como esas zanahorias para *gourmets*, bonitas pero sin sabor ni propiedades nutricionales. Del mismo modo, hemos de discriminar la compañía de la que nos rodeamos, ya que puede tratarse de un grupo bien situado y próspero, donde todo sea correcto en las formas, pero que carezca de vida interna. Por supuesto, hemos de ser amistosos con todo el mundo, no ser desagradablemente críticos, pero sin dejar de discernir. Debido a que somos fácilmente influenciables, debemos esforzarnos por ponernos a tiro solo de lo bueno y lo que valga la pena. Y esto conecta con la estrofa 6, que habla del maestro espiritual.

6. Confiar en el maestro espiritual

Por medio de la confianza en un verdadero amigo espiritual, los defectos propios comienzan a desvanecerse
y las buenas cualidades aumentan como la luna creciente.
Considerar al amigo espiritual más valioso que el propio cuerpo es la práctica del bodhisattva.

Mientras la estrofa 5 trata de las personas que son una mala compañía para nosotros, esta estrofa se ocupa de los buenos amigos. Los mejores buenos amigos son como los budas, los *bodhisattvas* y los maestros espirituales de uno. Ellos, obviamente, son el tipo de compañía con la que hemos de juntarnos. Ahora bien, con *verdadero amigo espiritual* no solo se refiere a este tipo de personas, sino también a cualquier otro compañero de camino, sea cual sea su camino (siempre que sea bueno), y que demuestre por nosotros verdadera bondad.

Su santidad el Dalái Lama no se cansa de repetir que cultivemos un buen corazón, y eso es lo que estamos intentando hacer aquí. Por tanto, debemos tratar de relacionarnos lo más posible con personas de buen corazón, porque ellos nos recordarán cómo comportarnos en situaciones para las que no tengamos una buena predisposición. Eso nos ayudará a mejorar. Se trata de cambiar para bien. Debemos rodearnos, siempre que nos sea posible, de personas que ejemplifiquen aquello que deseamos conseguir y que nos recuerden cómo se hace.

Ayuda mucho estar con gente que valora las mismas cosas que nosotros, y que se esfuerza de forma sincera en superar sus rasgos negativos y en cultivar las cualidades positivas. Y, en especial, ayuda relacionarse con quienes están más avanzados en el camino, pues son de gran inspiración para nosotros.

¿Por qué a tanta gente le gusta el Dalái Lama? Porque ejemplifica de manera perfecta lo que un ser humano debería ser, lo que todo el mundo desea ser. No solo es una persona de gran sabiduría y compasión, sino además de gran integridad. Cuando camina a lo largo de una fila de gente, mira a todos a los ojos, les toma las manos por unos segundos, y eso transforma sus vidas. Porque, en ese momento, no solo se están encontrando con un *bodhisattva* de carne y hueso, sino que además les está mirando alguien que les acepta totalmente tal como son y les muestra un amor incondicional. Sean lo que sean, y lo saben. A Su Santidad no le importa quién eres. Mira directamente a tu naturaleza de buda y la reconoce. Por eso incluso un breve encuentro con él es tan poderoso, aunque solo hayáis estado juntos dos segundos. Con otras personas podemos pasar horas enteras y no sentir nada particularmente significativo, pero con Su Santidad y con los grandes lamas u otros seres espirituales elevados esto produce un elevado efecto, ya que son auténticos.

El Buda dijo: «Lo que pienso es lo que digo, y lo que digo lo hago. Esto puedo decir de mí mismo». ¡Qué perfecta integridad! Debemos, tanto como nos sea posible, no solo tratar de ejemplificar esto en nuestras vidas, sino también relacionarnos con buenas personas, ya que ellos siempre nos van a recordar cuál es nuestro potencial y adónde queremos llegar. A veces, cuando leemos cosas semejantes en los libros, parecen algo distantes, o más bien lejanas. Pero cuando conocemos en la realidad a alguien que encarna esas cualidades, reconocemos que también es posible para nosotros: ellos son seres humanos, yo también lo soy. Entonces, ¿por qué no?

Cuando los primeros tibetanos exiliados llegaron a la India, entre ellos había muchos grandes lamas que habían sido instruidos en el Tíbet y que eran muy tradicionales. No hablaban inglés, y la mayoría de los occidentales que iban a verlos por aquel entonces tampoco hablaban tibetano. No había mucho que se pudiera hacer. Lo único, sentarse a su lado. Pero con eso era suficiente. La gente quería conocerlos, y pensaba: «No sé cuáles son sus creencias, pero me apunto»; porque esos lamas eran la personificación del perfecto ser humano. En ellos estaba encarnado nuestro propio inmenso potencial, ahí mismo enfrente de nosotros, sonriendo abiertamente. Sin decir nada. Sin hacer nada. Solo siendo. Y con eso bastaba.

Muchos devotos hinduistas tienen una costumbre que llaman *darshan*, que significa 'ver'. *Darshan* consiste en ir al templo, sentarse y dedicarse a mirar al gurú. El gurú no hace nada; simplemente está ahí sentado, siendo el gurú. Si es un maestro genuino, con eso basta. Aunque también hay un montón de charlatanes.

Por medio de la confianza en un verdadero amigo espiritual, los defectos propios comienzan a desvanecerse y las buenas cualidades aumentan como la luna creciente: esto significa que, si tenemos la guía de un verdadero maestro, él nos ayudará, señalando nuestros defectos e incentivando nuestras virtudes. No será necesario que hable de manera explícita de nuestros defectos, sino que se las ingeniará para crear situaciones en que esos defectos salgan a la luz y podamos verlos. Este tipo de atmósfera nutritiva es semejante a un invernadero, donde las plantas crecen mucho mejor porque se dan las condiciones propicias para su desarrollo.

Pero incluso si en estos momentos no tenemos un maestro espiritual, aun así podemos frecuentar la relación con personas que sean inspiradoras y que encarnen de manera auténtica las enseñanzas. Y aunque no tengamos una relación personal con ellas, el simple hecho de estar en su presencia puede ser de ayuda. Y de nuevo, en el nivel más ordinario, tratemos de ser selectivos con nuestras amistades cotidianas, tratemos lo más posible de estar con gente que comparta nuestros valores. De lo contrario, como digo, recibiremos malas influencias y acabaremos metidos en problemas.

En el budismo tibetano, el maestro espiritual es una figura importante, porque, como sucede en cualquier ámbito, si queremos aprender de manera apropiada, es mejor tener un maestro. Si queremos ser músicos, futbolistas o jugadores de críquet, obviamente lo mejor es tener un entrenador que nos diga qué hacer y qué no hacer. No solo aprenderemos más rápido, sino que evitaremos adquirir toda clase de malos hábitos de los que en principio no seríamos conscientes y que más adelante supondrían un gran obstáculo para dominar a la perfección nuestro arte. Mientras que si al principio tenemos un buen maestro que nos diga: «No, no lo hagas así, hazlo de esta otra forma», o nos anime cuando las cosas nos salgan bien, no cometeremos muchos errores, y progresaremos de manera más rápida. Además, desarrollaremos la confianza en estar haciéndolo bien.

Si esto es cierto para el aprendizaje de las habilidades técnicas, cuánto más lo será para la comprensión y la trascendencia de la mente conceptual. Necesitamos guía para intuir la naturaleza de la mente, y a continuación para estabilizar dicho logro. Y necesitamos, además, alguien que nos proteja de extraviarnos cuando surjan experiencias que nos hagan creer que ya estamos realizados. Necesitamos un maestro. Dilgo Khyentse Rinpoche comenta:

> Todos los practicantes realizados del pasado alcanzaron la iluminación siguiendo a un maestro espiritual. Hubieron de comenzar su búsqueda escuchando las historias de los hechos de distintos maestros. Cuando alguna de estas historias de algún maestro concreto les resultaba especialmente inspiradora, examinaban las cualidades de tal maestro desde la distancia sin establecer aún ningún compromiso. Y una vez tenían confianza total en el maestro, se presentaban ante él, le servían y llevaban escrupulosamente a la práctica todas las instrucciones que les diera.[13]

Es difícil alcanzar la iluminación por nuestros propios medios. Realmente muy difícil; no podemos aprender solo de los libros.

Los libros pueden ayudarnos a empezar, y ser de ayuda en este sentido, e incluso a día de hoy muchas enseñanzas pueden ser descargadas de internet, pero esto nunca reemplazará una relación personal con un maestro, si podemos tenerla. El problema es conseguirla. Encontrar un maestro auténticamente cualificado no es tan fácil. Incluso si sabemos de alguno que lo sea, lo normal es que esté rodeado de una organización que lo proteja de ser molestado, y que se dedique a viajar por todo el mundo fundando centros de *dharma*. Es realmente un desafío. Mucha gente acude a mí quejándose de que no consiguen un maestro. Aunque otros se presentan quejándose de tenerlo.

Así que es difícil, e incluso puede llegar a ser un campo de minas. Pero, para quienes se lo toman en serio, es una ayuda disponer de una guía personal para el camino, si se puede encontrar, porque sin un maestro es un proceso increíblemente difícil cambiar la orientación de nuestra mente samsárica ordinaria hacia una mente búdica. De hecho, es casi imposible. Aunque, entretanto, eso no quiere decir que tengamos que sentarnos a esperar que aparezca el lama perfecto. A menudo suelo decirle a la gente: «Con una mente sin adiestrar, ¿quién puede hacer algo?». Incluso aunque el mismo Buda estuviera sentado delante de nosotros, lo único que podría decir sería: «Practica». Eso es lo que todos tenemos que hacer.

Imagina que la mente es un caballo salvaje. A pesar de ser completamente salvaje, tiene su potencial; es un buen caballo. Pero cuando le pedimos que vaya por un camino, se tira por el otro. Si queremos que suba, se va para abajo. Cualquiera que se haya sentado durante cinco minutos seguidos a meditar sabe de qué estoy hablando. La mente es como un caballo salvaje, aunque posee un gran potencial, susceptible de ser entrenado. Sin embargo, no podemos entrenar a un caballo salvaje si antes no ha sido domado. Domar significa que se calme, que confíe y que adquiera interés en lo que vamos a hacer. Entonces se vuelve amigable, cooperante y dispuesto. Ahí es cuando podemos empezar a adiestrarlo. Podemos enseñar a un caballo a hacer cualquier cosa que entre dentro de sus capacidades, una vez que el caballo haya acordado consigo mismo que va a cooperar. Pero mientras no lo decida, no hay nada que hacer.

Con la mente pasa lo mismo. Empezamos con la práctica de *samatha*, que hace posible que la mente se aquiete, se calme y se concentre. En tibetano se dice *lesu rungwa*, que significa 'maleable'. Hacemos, pues, que la mente se vuelva maleable, flexible y cooperativa. Nadie puede hacer esto por nosotros, y ya es un gasto de tiempo para el maestro mientras espera que intentemos conseguir cierto estado en el que él pueda empezar su labor. Esto tenemos que hacerlo por nosotros mismos. Lograr una mente más calmada, más clara y más consciente. Desarrollar las cualidades de estar plenamente atentos e interiormente vigilantes, alerta: saber qué está teniendo lugar en nuestra mente. Tener el poder de atención para que si queremos estar aquí, la mente se quede quieta aquí en vez de irse a otro lugar. Esto lleva tiempo, paciencia y perseverancia. Tengamos o no un maestro, todos podemos aprender a domar la mente. Una vez esté domada, está lista para ser entrenada.

Incluso practicar el *tantra* yoga más elevado (el *Anuttara Yoga*) con una mente distraída es una pérdida de tiempo. Lo siento, pero no nos lleva a ninguna parte. Para que nuestras prácticas surtan efecto, la mente debe fundirse por completo con ellas, ser una con ellas. De lo contrario, solo tendremos el proyecto de mente y práctica intentando entrar en contacto durante unos segundos, y enseguida la mente volverá a irse. Así no vamos a ninguna parte.

De manera que el primer paso es aprender a volver la mente maleable. Esto simplemente ya es un paso de gigante; y podemos darlo. Nadie, además, puede hacerlo por nosotros. Todos tenemos que forcejear con ello. Sin embargo, como dice un gran lama: «Si tienes un buen nivel de *samatha*, tienes el resto del *Dharma* en la palma de tu mano». La mente se funde con lo que estemos haciendo, se vuelve una con ello y los resultados llegan enseguida. De lo contrario, como se dice en los libros, si no tenemos una mente concentrada, aunque recitemos mantras durante un millón de eones, no habrá resultados. Lo cual es natural si pensamos en ello. Todo el mundo está interesado en las prácticas más poderosas, esas que no podemos realizar de forma apropiada porque carecemos de la base. Es como querer levantar un tejado de oro cuando aún no se tienen muros ni cimientos.

Una vez establecidos los cimientos, y con una práctica diaria consistente, entonces podremos beneficiarnos de la guía de un maestro que nos ayude a profundizar en nuestra práctica a través de su sabiduría experiencial del camino. No habrá ocasión de repetir los errores que muchos otros han cometido a lo largo del camino, ni de dar rodeos innecesarios. El maestro nos ayuda a evitar errores, nos muestra el camino directo hacia delante y nos mantiene en la senda. Una ayuda verdaderamente práctica. El maestro nos ahorra tiempo y esfuerzos inútiles. Aunque somos nosotros mismos quienes hacemos el camino, es mucho más duro sin un guía experimentado.

7. Tomar refugio

*¿A quién pueden proteger los dioses mundanos
si ellos mismos son prisioneros del* samsara*?
Tomar refugio en las Tres Joyas,
que nunca fallan a quienes protegen, es la
práctica de un* bodhisattva.

En las seis estrofas previas se ha presentado el problema, ahora viene la solución. Esta es la situación en la que nos encontramos, ¿cómo salimos de ella? De nuevo, Dilgo Khyentse Rinpoche resume el asunto:

La gente busca refugio de forma instintiva en alguien o algo que los proteja del sufrimiento y la tristeza. Algunos se vuelven hacia los poderosos, con la esperanza de obtener riqueza, placeres e influencia. Otros buscan protección a través de las fuerzas de la naturaleza, como las estrellas, las montañas. Otros, aún, se vuelven hacia los espíritus en busca de ayuda. Pero ninguno de estos objetos de refugio erróneos está libre de la ignorancia y del *samsara* y, por tanto, no pueden proporcionar refugio definitivo. Su compasión, si alguna tienen, es parcial y limitada.[14]

Rinpoche explica más adelante que el verdadero refugio solo puede ser otorgado por «Algo que esté en sí mismo libre de las ataduras del *samsara* y libre de la paz limitada de un nirvana parcial».[15]

Según las enseñanzas, esta cualidad de verdadero refugio solo puede ser hallada en las Tres Joyas –el *Buda*, el *Dharma* y la *Sangha*–, las cuales se considera que poseen «Sabiduría absoluta, compasión imparcial y facultades sin trabas».[16]

En muchas partes del mundo existen dos niveles de devoción: la religión oficial, y luego está lo que cree la mayor parte de la gente. Aquí en la India, por ejemplo, en el hinduismo, están los grandes dioses oficiales, como Shiva, Krishna, Sarawasti y los de su rango, y luego están los llamados dioses locales.

Himachal Pradesh, por ejemplo, está plagado de dioses locales, que pueden estar a la vista o no. Cada aldea tiene su dios local. En la población de Mandi, en la época de *Shivratri* (las noches de Shiva), todos los dioses locales, que serán en torno a ciento cincuenta, llegan de las aldeas hasta Mandi. Todos estos dioses son familia –los hay primos, hermanos, hermanas, y están muy contentos de volver a reunirse–. Son transportados en palanquines, que parecen más bien andas, pero tienen mástiles que se acoplan sobre las espaldas de los hombres devotos. Las deidades suelen tener un rostro hecho en bronce; las más especiales lo tienen de plata. Su expresión es habitualmente pacífica, aunque algunas ostentan suaves rasgos airados. Tanto las deidades principales como su séquito van ataviadas con sedas y brocados. Los palanquines a ratos se balancean y saltan, como si estuvieran animados por la deidad. Los hombres del pueblo cargan con grandes cuernos que hacen sonar, y la gente baila alrededor. En todo caso, se trata de dioses menores.

Son humildes dioses locales a los que se rinde culto para que protejan a los habitantes de la aldea, especialmente a quienes tienen fe en ellos. Habitualmente hay alguien que actúa como su médium y canaliza sus respuestas, para que la gente pueda acudir a ellos con sus preguntas y problemas. La deidad contesta y, si puede, da consejo, protección y algún beneficio.

Sin embargo, en última instancia, ¿qué pueden hacer si ellos mismos están atrapados en el *samsara*? Pueden tratar de conceder algún beneficio mundano, en caso de que nos sean favorables y estén satisfechos; aunque también pueden enfadarse. Cuando pusimos en marcha nuestro monasterio para mujeres, durante los primeros años tuvimos varios casos de monjas poseídas por los espíritus locales de sus aldeas respectivas, a quienes no agradaba que se convirtieran en monjas budistas, y algunas incluso llegaron a enfermar.

Por ejemplo, la madre de una de ellas había tenido un embarazo muy difícil con serias complicaciones, y la familia hizo ofrendas a la deidad local, de resultas de lo cual la niña nació sana. Entonces, la deidad dijo: «Esta niña me pertenece y debe ser mi servidora». La chica tuvo que sumarse a las tareas de servicio del templo local y ayudar con las ceremonias. Y cuando quiso dejarlo para convertirse en monja, el dios se enfadó. Dijo que no podía hacerse budista porque le pertenecía a él. Entonces, aparentemente, la poseyó y ella comenzó a comportarse de forma extraña. Esto creó un montón de problemas. Al final, tuvimos que hacer una ceremonia propiciatoria para calmar a la deidad, pero en última instancia enviamos a la chica de vuelta a casa.

Hay innumerables deidades de este tipo, y son espiritualmente superiores. Hemos de considerarlas así en tanto, al no tener cuerpo y poseer una alta clarividencia, a menudo se sienten orgullosas y celosas, y se enfadan con facilidad. De hecho, son muy temperamentales: favorables con aquellos a quienes aman y crueles con quienes no les gustan. En definitiva, se trata de entidades samsáricas.

La razón por la que las gentes les rinde culto es porque son fáciles de contactar. No es complicado establecer una relación con ellas, mientras que sí lo es con los budas y los *bodhisattvas*, con Shiva y Vishnu, o incluso con Jesucristo, porque son seres que se encuentran en planos muy alejados de nosotros. Es más difícil sentir su protección. Mientras que las deidades locales se hallan muy cerca de nosotros, y la relación con ellas es asequible. En Tailandia, por ejemplo, cada jardín tiene su casa del espíritu para la deidad local; y estoy segura de que en Sudamérica, África y Australia, la gente tiene relaciones con entidades análogas. Es un fenómeno universal. Y sin embargo, se trata de seres samsáricos, que forman parte de este bajo mundo.

Confiar nuestro refugio –nuestra fe y nuestras esperanzas– a seres samsáricos como estos es un gran error, ya que ellos no pueden ayudarnos a trascender el *samsara*. Todo lo más que pueden hacer es echarnos una mano de vez en cuando, dependiendo de nuestro *karma*, en asuntos mundanos. Existe la práctica ampliamente extendida por todo el Himalaya de buscar la protección de estos espíritus locales. En la zona concreta donde he vivido durante muchos años, Lahaul, todo el mundo hace rituales budistas, pero aún mucha gente sigue celebrando además rituales chamánicos para los espíritus y deidades locales. Por tanto, esta estrofa no solo era relevante para la sociedad de hace ocho siglos, sino que ha perdido su sentido. La gente confía aún en prácticas que busquen el beneficio inmediato. En comparación, las Tres Joyas parecen algo remoto.

Sin embargo, hemos de recordar que las Tres Joyas no están ahí para ayudarnos a aprobar los exámenes, o para hacer que nuestras relaciones tóxicas vayan mejor. Su propósito es ulterior, es liberarnos del *samsara*. Solo los seres que se encuentran ellos mismos más allá del *samsara* pueden ayudarnos a nosotros a ir más allá. Los seres que están aún atrapados en el *samsara* no pueden hacerlo. Como dice la estrofa:

> *¿A quién pueden proteger los dioses mundanos*
> *si ellos mismos son prisioneros del* samsara?[17]

Estos dioses mundanos son prisioneros, no son libres. ¿Cómo pueden darnos la llave para salir de un lugar en el que ellos mismos están encerrados?

> *Tomar refugio en las Tres Joyas,*
> *que nunca fallan a quienes protegen, es la práctica de un* bodhi-
> sattva.[18]

Nunca fallan a quienes protegen no significa que, si tenemos problemas en nuestros negocios y rezamos a las Tres Joyas, vamos a petarlo en el mercado. Lo que significa es que, si creemos sinceramente en el *Buda*, el *Dharma* y la *Sangha*, y practicamos sinceramente, este refugio no nos va a abandonar. Nuestra práctica, sin duda, florecerá. Nuestra capacidad para acercarnos más y más a una mente liberada mejorará. El *Dharma* –la verdad– no puede abandonarnos, nuestra práctica sí puede.

El *Dharma* en sí no puede fallarnos, porque es el ser mismo de las cosas. No puede fallarnos, porque la protección que el *Buda*, el *Dharma* y la *Sangha* dan es para la mente. Cómo protegen nuestra mente es lo que se explica en las estrofas que vienen a continuación, que tratan sobre cómo usar las circunstancias adversas, que con probabilidad nos vamos a encontrar en el *samsara*, para transformarlas en ocasiones de práctica. Así es como la mente resulta protegida, y no puede ser abatida, ya que tenemos los métodos con los cuales remontar, superar y transformar cualquier dificultad con que nos tropecemos. Esta es una de las formas en que las Tres Joyas protegen nuestra mente.

Si practicamos de corazón, sinceramente, seremos capaces de manejar hasta las peores cosas que nos sucedan. De hecho, incluso pueden brindarnos la oportunidad que estábamos esperando. No va a aparecer el Buda en persona blandiendo una espada para derrotar a todos nuestros enemigos, pero, si transformamos nuestra mente desde dentro, no habrá enemigos para nosotros; y esa es la forma en la que estaremos totalmente protegidos.

Así, la base del camino budista es «tomar refugio». A día de hoy, mucha gente practica técnicas budistas, especialmente la meditación de *tonglen*, y lee muchos libros de *Dharma* sin necesidad de ser budista. Esto es bueno, ya que una de las cosas positivas del camino budista es su capacidad de adaptación a las necesidades individuales. Hasta puede utilizarse para reducir la presión arterial o los niveles de estrés, y hacer que uno se sienta algo mejor. Es estupendo, pero ese no es el verdadero objetivo del *Dharma*.

El *Dharma* no trata de hacer que nos sintamos mejor; de hecho, puede que inicialmente suceda lo contrario. El objetivo del *Dharma* es ayudarnos a superar los estados mentales negativos, a conectar con nuestra verdadera naturaleza y a llegar a ser libres. Liberarnos para que seamos capaces de beneficiar a los demás seres. Nos ayuda a trascender ese estado de absorción egocéntrica en el cual nos ahogamos muchos de nosotros. A pesar de que las ideas budistas puedan ser utilizadas de forma terapéutica, también pueden servir de apoyo para los caminos espirituales de otras personas. Muchos cristianos (incluidos sacerdotes y monjas) practican la meditación budista, que les ayuda a ser mejores cristianos relajando sus mentes, volviéndolos más abiertos a los demás y alentando la compasión y la devoción en sus corazones. Esto es maravilloso y todos nos alegramos. Y nos ayuda a ser mejores, que es lo importante.

No obstante, desde una perspectiva budista, el primer paso es la creencia y la confianza en el *Buda*, el *Dharma* y la *Sangha*. ¿Qué quiere decir esto? Tradicionalmente, el Buda es considerado el médico por excelencia, el más sabio, ya que todos padecemos de envenenamiento a causa de nuestras emociones negativas, en especial la codicia y el apego, el odio y la aversión, los celos y el orgullo, a la vez que la subyacente cualidad de nuestra ilusoria falta de comprensión: la ignorancia. No reconocemos quiénes somos realmente. Volveremos sobre esto más adelante, pero este apego subyacente a una identidad falsa –el que no somos en verdad–, y el no reconocimiento de quiénes somos realmente, son la causa del resto de las emociones negativas. Estamos enfermos de emociones negativas, y esa es la razón de que no vayamos por ahí a todas horas babeando de felicidad.

El Buda dice: «Sí, tienes una crisis bien gorda, y hay razón para ello». La razón subyacente es la codiciosa, enredada y apegada mente basada en la errónea percepción de nuestra identidad, que crea un montón de problemas. El Buda dijo que el nacimiento, el envejecimiento, la enfermedad y la muerte, así como no conseguir lo que deseamos y obtener lo que no deseamos, todo ello es sufrimiento. De hecho, en ello consiste la totalidad del dilema de vivir constantemente vapuleado en el océano de la existencia llamado el *samsara*.

Si el Buda hubiera dicho: «¡Eh, es vuestro problema, estáis demasiado apegados a las cosas!», entonces el budismo sería pesimista. Pero no dijo eso. Dijo: «¡Os traigo buenas noticias! En esencia estáis completamente sanos, y los problemas tienen cura». Hay una terapia que podemos seguir y llegaremos a estar tan sanos que nos parecerá increíble. Esta terapia es el Noble Óctuple Sendero, que en sí mismo abarca el *Dharma* al completo. El Buda es el médico.

Si nos encontramos realmente enfermos, no queremos ir a un médico que nos diga «No te pasa nada», porque nosotros sabemos que sí, de lo contrario no habríamos acudido a él. Pero si el doctor nos explica por qué estamos enfermos y nos asegura que tenemos cura, y al seguir el tratamiento vemos que vamos mejorando paso a paso, entonces le estamos agradecidos a ese doctor. Aquí, el *Dharma* es la medicina que tomamos para sanar.

La palabra *Sangha* tiene tres niveles de significado. El primero es los *arya*, o la *noble sangha*, que incluye a todas aquellas personas, monjes o laicos que han realizado la percepción de la auténtica realidad. Esta realización, en la tradición tibetana, recibe el nombre de *vacuidad* o *sunyata*. En ese punto, uno se convierte en un *arya*, uno de los «nobles». Esta es la *Sangha* en la que tomamos refugio, porque ellos saben lo que hacen. Son como enfermeras y enfermeros muy bien preparados. No son médicos titulados, pero tienen la suficiente experiencia y pueden ayudarnos con nuestro tratamiento.

El segundo nivel de significado se refiere a la comunidad monástica: todos aquellos que han sido ordenados y han recibido los votos de monje y monja. El tercer nivel es la *maha sangha*, o *gran sangha*, la cuádruple comunidad de monjes y monjas completamente ordenados, laicos y laicas. El Buda habló profusamente sobre esta idea de la cuádruple *sangha* y dijo que para que un país fuera considerado genuinamente budista debía basarse en la cuádruple *sangha*, ya que, cuando se combina la *sangha* monástica con los seguidores laicos, se consigue una estabilidad similar a la de una mesa de cuatro patas.

Uno de los argumentos que ha servido para introducir la ordenación completa de las monjas en el budismo tibetano, así como en Tailandia, Myanmar y todos los países de la zona, es que, de acuerdo con la clasificación del propio Buda, un país no puede ser considerado budista si solo tiene tres de los cuatro constituyentes necesarios para completar una *maha sangha*. Si carecen de monjas completamente ordenadas, no son, siguiendo de forma estricta dicho criterio de clasificación, países genuinamente budistas.

Tomar refugio en el *Buda*, el *Dharma* y la *Sangha* es un ritual que existe desde los tiempos del mismo Buda. Una y otra vez, en el *Canon Pali*, cuando la gente va a visitar al Buda para tener con él un debate o plantearle sus preguntas, el texto acaba haciéndoles decir: «Desde ahora hasta el final de mi vida, tomo refugio en el *Buda*, tomo refugio en el *Dharma*, tomo refugio en la *Sangha*». En todos los países budistas, desde los tiempos del *Canon Pali* hasta nuestros días, el triple refugio sigue recitándose al inicio de cada ceremonia.

De manera que en el budismo tenemos «la toma de refugio», y esta nos hace recordar que hemos colocado el *Dharma* en el centro de nuestra vida, en vez de en la periferia, practicando únicamente cuando tenemos un poco de tiempo libre. Practicamos el *Dharma* estemos haciendo lo que estemos haciendo. No es algo abstracto, referido a temas de filosofía especializada, o a avanzados niveles de meditación. Por el contrario, es un hermoso y útil texto que trata con las situaciones, problemas y desafíos que surgen cada día, y nos enseña cómo convertirlos en práctica del *Dharma*, respondiendo de la forma más sincera posible que nos ayude a transformar nuestra mente-corazón.

Como ya se mencionó en la introducción, estas enseñanzas proceden de Atisha, quien observó que las enseñanzas tántricas avanzadas no parecían las más apropiadas para el tipo de mentalidad que los tibetanos tenían en la época. Lo que necesitaban era más bien volver a los principios básicos, y trabajar con sus actitudes y su motivación. Por eso enfatizó «el refugio» y «la *bodhichitta*». Atisha fue el fundador de la tradición Kadampa, y sus continuadores pusieron el énfasis también en estos principios básicos una y otra vez. Es como un trozo de masa grande que debe ser amasada sin descanso hasta que se vuelve suave y flexible, y está lista para ser usada. Nuestras mentes son como esa pesada masa, y necesitamos practicar sin tregua, hasta que la mente brille y se vuelva flexible y manejable.

8. Valorar la virtud

El Buda enseñó que el insoportable sufri-
miento de los reinos inferiores
es el fruto de las acciones deshonestas.
Por consiguiente, no actuar nunca de for-
ma deshonesta,
incluso al coste de la propia vida, es la
práctica del bodhisattva.

Esta estrofa se ocupa del *karma*. El *karma* es el tercero de los
cuatro pensamientos que dirigen la mente hacia el *Dharma*.
Aunque por lo visto la idea del *karma* es problemática para
algunas personas. De hecho, me quedé muy sorprendida una
vez que estaba en América asistiendo a una conferencia para
maestros budistas occidentales de varias escuelas. En cierto
momento, alguien preguntó: «¿Cuántos de vosotros creéis en
el *karma* y en el renacimiento? ¿Quiénes creéis en otros reinos
del ser?». Menos de la mitad de aquellos maestros budistas
admitían la creencia en el renacimiento o el *karma*. Pero si uno
no cree ni siquiera en el renacimiento, el camino budista deja

de tener sentido. El *Dharma* queda así reducido a una terapia para hacer más tolerable esta existencia. En esa estrecha visión no hay lugar para la *bodhichitta*.

Dicho de manera sencilla, el punto de vista budista es que –en el nivel relativo o convencional– todos hemos experimentado miles de renacimientos, tal vez millones, en cualquier reino que podamos imaginar. No solo como seres humanos, sino también como animales, en el reino de los espíritus, en los reinos elevados y en los inferiores. Debemos recordar que si nos hubiéramos encontrado con nosotros mismos en nuestra vida anterior, no nos hubiéramos reconocido en absoluto. No soy yo el que ha renacido.

Si pudiéramos vernos ahora en la próxima vida, ¿quién sería ese ser? Sería un ser completamente distinto a mí, pero que seguiría diciendo «Soy yo». No debemos apegarnos estrechamente a esa identidad personal. Solo se trata de una corriente de consciencia en progreso que, en la medida en que creamos en un yo, no tiene fin. Alguien preguntó en una ocasión: «¿Y cómo podemos acabar con ello si estamos continuamente realizando acciones con el cuerpo, el habla y la mente?». La maestra lo explicó con un *mala*, una especie de rosario de cuentas. Cogió una cuenta y dijo: «Mirad, ahora yo hago esto, y pienso "Yo estoy haciendo esto", y a continuación esta cuenta empuja a la siguiente, que empuja a la siguiente, y así continúa la cosa sin parar. ¿Qué podemos hacer? Obviamente, necesitamos interrumpir la cadena, de modo que pasemos una cuenta y el resto no se mueva. Solo la habremos dejado atrás. La cadena es la creencia en un yo que realiza la acción».

En la medida en que creemos en que yo programo esto, yo

hago esto, yo digo esto, esa es la cadena que perpetúa nuestro *karma*. Esto es importante, ya que es la razón por la que en el budismo se cree que podemos ser liberados. Una vez realizamos la vacuidad de nuestra falsa identificación con el sentido del yo y lo mío –la araña en el centro de su tela–, entonces, aunque actuemos de forma perfecta, apropiada y espontánea, como lo hacen los budas y los grandes *bodhisattvas*, no hay un yo en el centro. No se está produciendo *karma*. El *karma*, o la acción, depende del que actúa. Mientras creamos que yo estoy haciendo tal cosa, estamos plantando semillas kármicas; y si pensamos en todas nuestras ilimitadas vidas anteriores, veremos que hemos hecho de todo. Lo bueno, lo malo, lo indiferente, llamadlo como queráis.

Hemos desempeñado muchos papeles en nuestras vidas anteriores, y todas las semillas de nuestras acciones intencionadas realizadas con el cuerpo, el habla y la mente se han ido acumulando en lo que llamamos «el sustrato de conciencia»; de modo que, cuando llega el tiempo, cuando las causas y las condiciones se juntan, algunas de esas semillas germinan. No sabemos qué semillas, ni cuándo ni cómo. Pero nunca es arbitrario, siempre se debe a causas y condiciones –lo que hicimos en un determinado momento–. Esta es la razón de que les pasen cosas malas a las buenas personas y, sorpresivamente, cosas buenas a gente horrible de verdad. No es que haya ahí arriba alguien juzgándonos y repartiendo castigos y recompensas. Es solo que, en ciertos momentos, ocurren ciertas cosas debidas a causas anteriores.

Y no hay mucho que podamos hacer al respecto. Podemos hacer algunas prácticas de purificación, pero hay un sinfín de semillas por ser purificadas. Quizás la mejor práctica de purificación sea llevar cualquier cosa que suceda al camino. Momento a momento estamos creando nuestro futuro, por la forma en que respondemos a lo que sucede en el presente. Es como un tapiz que estuviéramos tejiendo continuamente.

A veces, como consecuencia de haber respondido de forma positiva en circunstancias difíciles, convertimos lo que parecía negativo en algo positivo. Desde un punto de vista simplista, hablamos de «bueno» y «malo», y pensamos que «bueno» es cuando las cosas van de forma acorde a nuestros deseos, y «malo» cuando los contradicen. Pero en realidad, desde un punto de vista más amplio, es difícil saber qué es bueno y qué es malo.

A menudo, la gente, echando la vista atrás en sus vidas, puede ver los momentos más desafiantes y difíciles, como las enfermedades y la pérdida de una relación o de un trabajo, y se da cuenta de que esas cosas supusieron una llamada de atención. Fue entonces cuando conectaron con su fuerza interior para afrontar las situaciones, y ahora, al mirar atrás, pueden ver lo mucho que aprendieron en aquellas circunstancias, y lo agradecen.

En los buenos momentos, a pesar de que las cosas sean fáciles, uno tiende a dejarse llevar y no hacer esfuerzos por cambiar. En general, es más difícil llevar al camino los buenos momentos que los malos. Por tanto, incluso los reinos celestiales son considerados un callejón sin salida, porque en ellos no existe el desafío. Cuando todo es demasiado fácil, ¿para qué molestarse en hacer un esfuerzo?

Por eso, cuando el texto habla aquí de «buen *karma*» y «mal *karma*», debemos entenderlo en un sentido convencional. Sin embargo, cuando las dificultades surgen, especialmente la enfermedad y la pobreza, pero también el resto de problemas que aparecen en nuestras vidas, son el resultado de acciones negativas realizadas por nosotros mismos en esta vida o en vidas previas. Ahora aquellas semillas han germinado, y necesitamos responder de manera hábil, llevando la situación al camino. De esta forma, el *karma* negativo se transforma en positivo.

Yo tenía una amiga, una monja australiana, que era bastante joven, enfermó de cáncer de pecho y acabó muriendo de ello. Me contó que una vez estaba sentada, sintiéndose muy apenada por sí misma y pensando: «¿Por qué me ha pasado esto?». Había llevado una vida sana, había cuidado su alimentación, su forma de pensar era positiva, así que ¿por qué le estaba pasando eso? Entonces, contaba, tuvo una especie de visión en la que se veía a sí misma como un hombre, sentía que era un cruzado, vestía una túnica blanca con una gran cruz roja y estaba de pie sobre el cuerpo de un soldado caído, un enemigo, apuntándole con su larga espada al corazón. El caído suplicaba por su vida. Ella sabía que tenía que tomar una decisión: podía perdonarle o matarle. A continuación, hundió la espada en medio de su corazón. Al recuperar su consciencia cotidiana, sintió que había recibido la respuesta a su pregunta. Bueno, fueran o no las cosas de ese modo, el hecho es que, a través de los siglos, miles, o mejor millones, de personas han matado a otras, y a muchos animales. Y desde un punto de vista kármico, hemos de aceptar las consecuencias de esas acciones.

Lo importante es no lamentarse sobre lo que vaya a pasarnos, sino crear la fuerza interior para responder a cualquier cosa que suceda; que seamos capaces de llevarlo al camino con nosotros. Lo que desde el exterior puede parecer negativo, interiormente puede que sea aquello que necesitamos como ayuda y respaldo para nuestra práctica.

Esto es muy importante, y es de lo que trata todo el texto. Es como ir al gimnasio porque no estamos en forma. Hay todo tipo de máquinas, diseñadas para poner a prueba cada uno de nuestros músculos. Si nos resultan fáciles, les subimos el nivel de dificultad para que nos exijan mayor esfuerzo; de lo contrario, ¿cómo vamos a ponernos en forma?

Así que practicamos el *Dharma* para estar más fuertes. No es bueno quejarse: «¡Oh, esto es imposible! No puedo hacerlo, estoy muy débil». Es precisamente porque nos sentimos débiles por lo que necesitamos textos como este que nos ayuden a desarrollar musculatura interna espiritual, de manera que cualquier cosa que nos pase podamos afrontarla. A partir de ahí, ya no hay esperanzas ni temores, cualquier cosa que ocurra la llevaremos al camino.

El *lojong* va de esto: de desarrollar la confianza y las cualidades que nos ayuden con lo que nos pase en el día a día, y convertirlo en nuestra práctica. En lugar de compadecernos, gemir y sentirnos apenados por nosotros mismos, agradecemos lo que suceda como una oportunidad para practicar de forma idónea. Carece de sentido ser un budista de días soleados, que practica mientras las condiciones meteorológicas son buenas y corre a esconderse tan pronto como estalla la tormenta.

El Buda enseñó que el insoportable sufrimiento de los reinos inferiores
es el fruto de las acciones deshonestas.[19]

Los reinos inferiores son los reinos infernales, los reinos de los espíritus hambrientos y los reinos animales. Como dice Shantideva en el *Bodhicharyavatara*: «¿Quién creó los suelos al rojo vivo y los demonios que allí torturan a los seres? Todo ello fue creado por la mente degenerada».

Vivimos en el mundo de nuestras propias proyecciones. Cuando somos felices, todo es luminoso. Cuando estamos alicaídos, hasta el día más soleado nos parece triste. Dado que poseemos una aparente base material (que, de acuerdo con la física cuántica, ni es material ni tan aparente como nos creemos), nuestras proyecciones son totalmente subjetivas. En tanto seres humanos, estamos provistos de cierto tipo de órganos y conciencias sensoriales, de manera que hay un consenso general sobre cómo son las cosas, a pesar de las distorsiones de nuestras reacciones emocionales. Dos personas pueden acudir al mismo lugar y experimentar la situación de forma totalmente diferente, dependiendo de su estado mental. Pero en los reinos inmateriales, donde están incluidos los reinos infernales, todo depende de nuestro estado mental, lo cual significa que proyectamos al exterior nuestro estado psíquico, y reaccionamos a ello.

En realidad, si uno lee ciertos *sutras*, saca la impresión de que para cada actividad que realizamos existe un reino infernal. En una ocasión fui a ver a mi lama, Khamtrul Rinpoche, y le dije: «¡Me parece imposible que haya un reino infernal para cada asunto!». Rinpoche se echó a reír y me contestó: «¡Bueno, ya sabes, escribimos así para asustar a la gente y empujarla al bien!». Luego, me explicó que es realmente difícil acceder a los reinos infernales, porque dependen de un estado mental que disfruta de la crueldad y de dañar a los demás. Hay personas que obtienen placer del mal y el sufrimiento de los demás y que gozan infligiendo dolor. Están muy alejados de su naturaleza búdica original. Cuando mueren, proyectan toda la oscuridad y crueldad que hay en su mente, que a su vez les vuelve reflejada. Entonces reaccionan con ira y miedo, creando alucinaciones en un ciclo sin fin. Esta es la razón por la que es difícil alcanzar esos estados. Uno está atrapado en un círculo vicioso de paranoia, odio y miedo.

La gente común no es así. La mayor parte de las personas tiene buen corazón. Tenemos nuestras buenas cualidades y nuestras debilidades. Sin embargo, al morir, lo más probable es que nos encontremos con circunstancias que correspondan a nuestra forma habitual de pensar mientras hemos estado vivos. Por tanto, es importante ser cuidadoso con la forma en que manejamos nuestro pensamiento y con el modo en que respondemos a las situaciones mientras tenemos alguna elección, ya que es lo que nos vamos a encontrar y experimentar en el más allá. No queremos más problemas en el futuro, así que debemos actuar con cuidado ahora que tenemos la oportunidad. Podemos decidir evitar cualquier acción deshonesta, incluso al precio de nuestra propia vida. *Deshonesta* significa básicamente 'que dañe a los otros'. No dañemos a nadie, ni con el cuerpo ni con el habla ni con la mente. Esto tiene sentido, y provoca imprevistos y profundos beneficios. Dilgo Khyentse Rinpoche añade lo siguiente:

Cuanto más cuidadoso seas en lo que haces, más fácil te resultará realizar la vacuidad; cuanto más profunda sea tu visión, más clara será tu comprensión de las relaciones entre causa y efecto.[20]

9. Reconocer la realidad objetiva

Como el rocío en la hierba, los placeres de los tres mundos
se evaporan en un instante a causa de su verdadera naturaleza.
Esforzarse por alcanzar el nivel supremo de la liberación,
que nunca cambia, es la práctica del bodhisattva.

Esta estrofa, al igual que la 4, trata sobre la transitoriedad. El rocío en la hierba dura un breve tiempo; sale el sol y se evapora. De forma semejante, todas esas cosas que imaginamos que nos van a proporcionar gozo y placer son efímeras. Hablando en términos prácticos, hasta la más deliciosa comida del mundo se acaba. ¿Y entonces qué? Probablemente pillemos una indigestión. Cualquier placer en el que podamos pensar es de breve duración, y en general no merece la pena el trabajo que nos hemos tomado en conseguirlo. Dilgo Khyentse Rinpoche lo explica del siguiente modo:

Todas esas ambiciones y proyectos ilusorios, incluso si pudieras realizarlos completamente y llevarlos a término, ¿te conducirían a un resultado permanente? Has de reconocer que no existe nada permanente en ninguno de ellos. Podrás ser el heredero de un trono, pero es obvio que ningún rey ha mantenido su poder de forma indefinida –si no es otra cosa, la muerte te lo arrebatará–. Podrás ser el general más formidable, pero nunca subyugarás a todos los enemigos de tu país, no importa cuántas guerras emprendas. Podrás llegar a tener un poder inmenso, influencia, fama, riqueza, pero todo ello está hueco y carece de sentido.[21]

Uno de los problemas de nuestra sociedad actual es la identificación de felicidad con placer. Por consiguiente, una vida feliz plena implicaría una vida de placer sin límites. Pero, en realidad, el placer ilimitado sería algo extraordinariamente aburrido e insatisfactorio. Algunos psiquiatras afirman que la mayoría de sus pacientes no tienen un problema propiamente psiquiátrico. No tienen psicosis, ni esquizofrenia ni nada por el estilo. Son gente próspera en el mundo, y aparentemente tienen de todo, pero interiormente su vida carece por completo de sentido. No hay un propósito.

Han conseguido el puesto al que aspiraban en su empresa; tienen una casa estupenda, con una buena familia y tres coches, y cualquier cosa que deseen está a la altura de su bolsillo. Y sin embargo se preguntan: «¿Es esto todo de lo que va la vida?». Cada día, la gente experimenta más una sensación de desesperanza, debido a que han conseguido todo lo que la sociedad les dijo que era necesario para ser felices y sentirse tranquilos y satisfechos, y en realidad se sienten miserables.

Mucha gente actualmente ha llegado a entender que poder cambiar de coche o comprar una casa más grande no resuelve el problema. Que no importa cuánto se pueda llegar a tener, más allá de un cierto nivel de seguridad y confort, porque eso no va a darles satisfacción. ¿Entonces? ¿Todos los esfuerzos eran para esto? La gente trabaja duro, pelea como hámsters en su rueda, se mueve sin parar, para llegar a nada.

Este es el malestar del mundo moderno. Muchas personas consiguen gran cantidad de cosas, pero reconocen que eso no les hace felices. Hace unos pocos años asistí a una conferencia sobre la felicidad. Estaba organizada por una sociedad budista, pero la mayoría de los ponentes eran psiquiatras, sociólogos, neurólogos y profesionales de este tipo. El tema era: «Qué es la felicidad y qué hacer para conseguirla». Recuerdo a un sociólogo, que no era budista, que afirmaba que se había demostrado recientemente que cada persona tiene su nivel básico de felicidad. Este nivel puede variar ligeramente en algunos casos, pero cada quien tiene el suyo propio. Si, por ejemplo, alguien gana en la lotería, su nivel de felicidad crece por un tiempo, pero luego, al año siguiente, regresa a su nivel normal. O si alguien sufre un terrible accidente y queda paralítico, su felicidad decrece, pero tras un tiempo regresa a su nivel habitual.

El sociólogo expuso que la única cosa que se había encontrado que elevaba el nivel de felicidad y lo mantenía alto era la meditación, porque producía una felicidad interior que era independiente de las cosas externas. De modo que, siempre que se siguiera practicando, se podía mantener este sentimiento de felicidad y bienestar. Por el contrario, todos los deleites y placeres externos son hermosos pero efímeros, se mantienen por poco tiempo. Nos venimos arriba y a continuación volvemos a caer al duro suelo de nuevo.

Así que asumir que nuestra felicidad depende de las circunstancias externas es un camino erróneo. Entonces, ¿cuál es el buen camino? Quizás podamos empezar por las posesiones internas. No por la riqueza exterior, que hasta cierto punto es contraproducente. Conozco a mucha gente rica, pero no parece gente especialmente feliz. Y también conozco a montones de gente pobre –algunos intensamente felices y otros, no–. La felicidad no depende de las posesiones materiales. La época en que yo viví en una cueva, no tenía gran cosa, ni siquiera un candil. Aun así, era completamente feliz, y no tener nada era irrelevante.

Es triste que las sociedades más tradicionales se estén apartando de sus propios estándares. Están echando por la borda su cultura, la que les ha dado una identidad y una dignidad como pueblo, y sustituyéndola por la moderna «cultura basura», que a menudo desprecia sus valores tradicionales seculares.

Birmania, actualmente conocida como Myanmar, estuvo bajo un régimen gubernamental represivo durante muchos años. Entonces eligieron la democracia. Cientos de prisioneros políticos fueron liberados, y Aung San Suu Kyi llegó al parlamento. Fue maravilloso. La situación se relajó y se produjo una gran apertura. Conservo una carta de aquellos tiempos que me llegó desde Birmania (Myanmar) en la que me contaban que había música en las calles, que la gente sonreía y se sentía mucho más tranquila y feliz.

Pero a causa de la apertura política, las sanciones internacionales sobre Myanmar se relajaron, lo que significó que China, la India, los Estados Unidos y Europa empezaron a planear aterrizar en Myanmar y adquirir todos sus recursos, como rubíes, diamantes, oro y probablemente petróleo y gas natural. Durante mucho tiempo, todos esos recursos habían estado congelados, debido a los boicots al régimen. Ahora, esos mismos países estaban tratando de hacer acuerdos comerciales, e inundaban el país con sus productos basura. Además, hubo una explosión turística desde el momento en que Myanmar se convirtió en el lugar de moda para visitar, lo cual trajo consigo lujosos megahoteles, resorts y grupos turísticos procedentes de todo el mundo. Adiós a la tradicional Birmania, adiós a la herencia birmana. En la actualidad, Aung San Suu Kyi está bajo arresto domiciliario de nuevo y la democracia está suspendida.

Paradójicamente, durante la etapa del régimen anterior, el budismo estuvo pujante. El *Dharma* florecía y había una gran cantidad de centros de meditación. Los laicos practicaban, y las estupas locales se convertían en centros sociales de reunión, llenos de gente a la caída de la tarde, viejos y jóvenes, sentados juntos recitando sus plegarias, meditando, circunvalando, haciendo ofrendas, o simplemente sentándose en los alrededores para conversar. Pero ahora el futuro de Myanmar es incierto. Una de las pocas culturas integralmente budistas del mundo está a punto de desmoronarse. Esto se llama transitoriedad.

10. Valorar a los demás

Si todas las madres que me han amado des-
de un tiempo sin principio están sufriendo,
¿de qué sirve mi propia felicidad?
Por tanto, con el fin de liberar a todos los
seres vivos,
establecer mi mente en la iluminación es la
práctica del bodhisattva.

El primer nivel de aspiración es ver que el *samsara* es transitorio, y comprender que los logros en el mundo exterior no van
a hacernos felices. Si todo es transitorio, debemos esforzarnos
por la liberación, el *nirvana*. ¡Sacadme de aquí! Cuando de verdad, desde lo más profundo de nuestro corazón, reconocemos
la incertidumbre y la inseguridad en el *samsara*, en cualquier
lugar en que estemos, entonces, como alguien que ha sido en-
cerrado en una prisión, buscamos la llave para salir.

Una vez soñé que iba rondando por una inmensa prisión.
Había lujosos áticos con gente tomando copas, y vi otras piezas donde la gente estaba trabajando o hablando, unos riendo,

otros llorando. Luego, en los sótanos, había mazmorras donde los internos sufrían, torturados, y se desesperaban. Yo me daba cuenta de que no había diferencia entre estar en los áticos o en las mazmorras, todo era una cárcel. Los que en esos momentos estaban en los áticos, al día siguiente podían caer a las mazmorras, o viceversa.

Era una situación tan insegura, teníamos que salir de allí. En el sueño, me puse a decirle a la gente: «¡Daos cuenta, estamos en una prisión, tenemos que pensar en escapar!». La mayoría me respondía: «Bueno, sí, tal vez sea la cárcel, pero no se está tan mal». La gente no estaba asustada. Yo seguía: «¡No lo entendéis, no hay ninguna certeza, no tenemos ni idea de lo que puede pasar, estamos atrapados! ¡Tenemos que largarnos!». Pero la gente, o bien me respondía que no se estaba mal en realidad, o bien que no merecía la pena intentar fugarse, porque no había modo de salir de allí. Al final encontré un pequeño grupo de gente afín que consintió en irse conmigo. Había una lancha anclada en un canal que atravesaba la prisión, y guardianes de vigilancia, pero no intentaron detenernos. Nos subimos a la lancha y nos deslizamos a través de la corriente hasta que nos vimos fuera.

En el exterior había un camino que marchaba paralelo al edificio de la cárcel, y echamos a correr por él. Íbamos todo el rato junto al amenazante edificio de la prisión, veíamos sus altos muros llenos de ventanas, a través de las cuales nos llegaban escenas de gente cantando, bailando, riendo, llorando y trabajando. Y nosotros seguíamos corriendo.

La prisión no se acababa nunca, y yo me sentía exhausta. Entonces pensé «No vale la pena, volvamos atrás». Pero a continuación pensé «No estoy corriendo solo por mí. Si me paro y doy la vuelta, las personas que me siguen también darán marcha atrás. Debo seguir corriendo por ellos». Tan pronto como pensé esto –en el instante mismo en que dejé de pensar en correr solo por mí–, la prisión desapareció, y surgió un nuevo camino que cruzaba perpendicular a aquel por el que íbamos, y el sueño tomó otro rumbo.

La estrofa 9 trata del esfuerzo por alcanzar el nivel supremo de la liberación permanente. Aspiramos al *nirvana* con el propósito de escapar del *samsara*. Sin embargo, esto plantea un problema. El ejemplo tradicional que se pone es el de una casa en llamas. La casa está ardiendo, hay un gran incendio, y hemos conseguido salir. Pero nuestros padres, nuestros hijos, las personas que amamos, nuestro gato están dentro de la casa que arde. ¿Podemos largarnos corriendo sin más? No. Hemos de volver, y tratar de sacarlos de la casa en llamas. No podemos dejarlos allí dentro, para que ardan hasta morir. Hemos de asumir que la razón de que hayamos podido escapar es poder ayudarlos a ellos a salir.

Otro ejemplo es que todos estamos ahogándonos en el pantano del *samsara*, pero nosotros finalmente conseguimos llegar a tierra firme. Entonces miramos atrás y vemos a las personas a las que amamos ahogándose. ¿Quién diría: «¡Os estáis ahogando! Lo siento, yo ya conseguí llegar a la orilla. Seguid mi ejemplo y bracead con fuerza. Espero que lo consigáis también. ¡Ánimo!»?

¡Cómo iba uno a hacer eso! De hecho, diría lo contrario: «Vale, ahora que yo he conseguido llegar a la orilla buscaré una cuerda, o usaré mis manos para sacar a la gente de ahí.

¡Acercaos un poco más, voy a tratar de sacaros!». Podemos aprovechar que estamos en tierra firme para sacar a los demás. No dejaríamos que nuestra madre se ahogara delante de nuestros ojos si pudiéramos impedirlo. O nuestros hijos, o la pareja, los amigos, cualquiera. Incluso a un perro callejero trataríamos de rescatarlo. Por supuesto que sí.

Esto nos conduce al siguiente nivel de motivación, que ya ha sido mencionado antes, y que llamamos *bodhichitta*. *Bodhi* significa 'iluminación' o 'despertar', y *chitta* significa 'corazón' o 'mente'. De manera que *bodhichitta* significa 'mente iluminada' o 'espíritu del despertar'. Es esta cualidad del 'corazón despierto' la que nos ayuda a realizar el viaje espiritual, no solo con el propósito de sentirse mejor uno mismo, sino además con el de ayudar a los demás a sentirse mejor también. Por medio de la sabiduría y la compasión, uno se encuentra en la posición de poder beneficiar a los demás de manera significativa. Dilgo Khyentse Rinpoche enseña:

> La intención o aspiración de la *bodhichitta* tiene dos aspectos: la compasión, que se dirige hacia los seres, y la sabiduría, que se dirige hacia la iluminación. Ninguno de ellos por sí solo, ni el mero deseo de beneficiar a los demás, ni el mero deseo de alcanzar la iluminación, es expresión de la *bodhichitta* […]. Si no se aspira a alcanzar la iluminación definitiva, entonces, por muy fuerte que sea el deseo de beneficiar a los demás, nunca se irá más allá de la bondad y la compasión vulgares.[22]

Es similar a cuando uno enferma y luego se recupera, y después ve a otra gente enferma. Por nuestra propia experiencia nos volvemos sensibles al sufrimiento de los demás y deseamos dedicarnos a ayudarlos a recobrar la salud. Entonces nos ponemos a estudiar medicina. Y cuando hemos aprendido lo suficiente para graduarnos en la facultad, no es por curarnos a nosotros mismos, sino para ayudar y curar a los demás. De la misma forma, en el camino espiritual, nuestra motivación es ser capaces de entender las cosas con mayor claridad para poder ayudar a los demás. Si aprendemos a manejar nuestras emociones negativas, si logramos un profundo conocimiento de la naturaleza de la realidad, estaremos en posición de beneficiar verdaderamente a todos los seres que lo estén necesitando con urgencia.

Considerando los miles de millones de personas que hay en el mundo, la verdad es que en esta vida estamos conectados nada más a unas pocas. Solo nuestros padres, hermanos, hijos, otros familiares y las personas con las que estamos en contacto, como amigos, compañeros de trabajo, etcétera. Comparativamente, un número muy pequeño.

Pero si echamos la vista atrás y contemplamos el panorama sin fin de nuestras vidas pasadas, entonces, ¿con cuántos seres hemos tenido realmente una conexión estrecha? Es imposible de saber, puesto que lo hemos olvidado del todo. Incluso aunque volvamos a coincidir en esta vida, ya no los conoceríamos. A veces sucede que nos encontramos con alguien nuevo, y de forma inmediata nos resulta familiar, como si lo hubiéramos visto antes. Y en otras ocasiones podemos estar con alguien durante años sin sentir por esa persona ninguna conexión particular.

Desde el punto de vista de la apertura del corazón, el enfoque tradicional se pone en el rol de la madre, porque ninguno estaríamos aquí sin su participación. Es una pena que no recordemos aquel tiempo de nuestra vida en el que la mayoría fuimos queridos y alimentados. Cualquiera que esté al cuidado de niños sabe que se trata de un trabajo a tiempo total –especialmente en el caso de los bebés–. La madre tiene que estar todo el día lavándolo, alimentándolo, cambiándole los pañales, acunándolo y poniéndolo a dormir. ¿Y ellos qué hacen? Maman, cagan, lloran un montón, despiertan a los padres a media noche y, de vez en cuando, sonríen. Están completamente concentrados en sus propias necesidades, deseos y demandas. Pero la mayoría de las madres no se harta, ni deja de hacer caso a sus criaturas. Al contrario, las aman más que a sus propias vidas.

Y no importa cómo fuera nuestra madre. Pudo ser un ángel o un demonio –como fuera, nos dio la vida–. Nos llevó durante nueve meses dentro de su propio cuerpo, con toda la incomodidad que ello suponía, y el malestar por las mañanas, y el dolor del parto. Sufrió lo indecible por nosotros. Si hubiera abortado, no estaríamos ahora aquí. Lo soportó todo por nosotros, y nos hizo el mayor regalo de todos: la vida. Y esta deuda de gratitud no podrá nunca ser pagada.

Desde un punto de vista budista, muchas de nuestras innumerables vidas –la mayoría de las cuales no recordamos– no fueron humanas. Podemos, por ejemplo, haber sido una araña, y haber tenido una madre con cientos de arañitas, todas las cuales habrán recibido sus cuidados. Algunas especies de arañas matan al macho, pero nunca a las crías. Una vez vi un escorpión que llevaba encima docenas y docenas de escorpioncitos. Y allí iban, correteando por la espalda de mami. No se nos ocurre pensar en los escorpiones como amorosas madres, pero ahí las tienes.

La gratitud hacia la madre es el símbolo y ejemplo de la extrema gratitud que debemos al resto de los seres. Por supuesto, en cada período vital hay muchos seres por los que sentimos gratitud. Por ejemplo, hacia los agricultores que cultivan toda la comida que consumimos, hacia todos los trabajadores que elaboran la infinidad de productos que usamos, y así podríamos continuar sin parar, porque somos seres muy dependientes de los demás e interconectados con ellos.

Así que tenemos una deuda de gratitud que satisfacer. Y la mejor forma, la manera definitiva de hacerlo, es alcanzar la iluminación, para ser capaces de liberar a los demás –todas nuestras madres de las innumerables vidas previas–. De acuerdo con esta aspiración, practicamos no solo para sentirnos mejor nosotros mismos; practicamos para que en esta vida, o en las futuras, podamos estar en posición de ayudar de manera auténtica a los demás, que necesitan urgente ayuda, se den cuenta o no. Esa es la motivación.

¿Qué mejor regalo puedo ofrecer a los demás seres, para agradecerles su bondad, que ayudarlos a su liberación? Desde ahora mismo podemos aspirar a ello, aunque en realidad todavía no podemos hacer mucho. Es como una madre sin brazos que ve a su hijo arrastrado por la corriente del río. Estamos indefensos. Si ni siquiera podemos ayudarnos a nosotros mismos, mucho menos a los demás. Sin embargo, la aspiración está ahí. Puede que ahora no seamos capaces de prestar ayuda efectiva, pero a partir de este momento dedicaremos nuestro tiempo a crear las causas y condiciones que nos capacitarán en el futuro para prestar ayuda verdadera de una manera profunda y significativa.

Tras «tomar refugio», la entrada en el camino *mahayana* que centra su énfasis en la compasión, el camino del *bodhisattva*, uno formula el «voto de *bodhisattva*», que es el voto de esforzarse espiritualmente, no solo por la propia liberación, sino para alcanzar la iluminación, para que finalmente todos los seres sean liberados. Esto no se refiere solo a los seres humanos, sino también a los animales, los insectos, todas las criaturas vivas de los océanos y los lagos, las aves, todos los seres de los reinos espirituales, de los reinos infernales y de los reinos celestiales.

En última instancia, como ya se comentó en la estrofa 8 en la discusión sobre el *karma*, no existen seres vivos que deban ser liberados ni nadie que los libere. La creencia en un «ser» autónomo es lo que, inicialmente, impide nuestra liberación. Sin embargo, en un nivel relativo o convencional, que es en el que vivimos, esta aspiración transforma por completo nuestra motivación: «No hago esto para mí, sino por todos los seres». Así, cuando realizamos alguna acción virtuosa y dedicamos los méritos, lo hacemos en nombre de los demás seres, porque ellos no saben cómo hacerlo. Somos sus representantes. Ejecutamos la acción, y a continuación dedicamos el mérito a todos los seres vivos, para que puedan madurar como nosotros lo estamos haciendo. Es como echarle levadura a la densa masa de la vida, para que todo suba, no solo la levadura.

La estrofa dice: *Si todas las madres que me han amado desde un tiempo sin principio están sufriendo, ¿de qué sirve mi propia felicidad?* Cómo puedo ser feliz escapando de la casa en llamas si mi madre permanece aún dentro. Mi propia liberación no tiene sentido a menos que sea la causa directa de la liberación de todos los seres. Establecer mi mente en la iluminación con el fin de liberar a todos los seres vivos es la práctica del *bodhisattva*, porque solo la iluminación puede otorgarnos el poder, la sabiduría y la compasión de liberar a todos los seres. No hay que hacer nada más. Este propósito es el eje central de la primera estrofa del respetado texto de Langri Thangpa *Las ocho estrofas del adiestramiento mental*:

> Aspirar a alcanzar la iluminación
> por el bien de todos los seres vivos
> es algo que supera incluso a «la Joya que concede todos los deseos».
> ¡Que pueda yo apreciar a todos los seres sin desmayo![23]

«La Joya que concede todos los deseos» es un símbolo de la mitología hindú. Se dice que es una joya, que poseen los dioses, que tiene el poder de otorgar cualquier deseo mundano que podamos tener. Si deseamos un helado, aparece. Si queremos tener oro o diamantes, inmediatamente aparecen. ¿Un hermoso Ferrari rojo deslumbrante? ¡Helo ahí! Esta joya puede ofrecernos cualquier objeto mundano, pero no puede hacernos regalos espirituales. No puede darnos conocimiento. No puede darnos iluminación. Solo puede conceder beneficios mundanos. Nuestro deseo de alcanzar la iluminación por el bien de todos los seres vivos hace que nuestra sagrada aspiración sea algo mucho más raro y precioso.

Atención: todos los seres vivos. No hay riesgo de repetir esto demasiado. Todos los seres: los que viven en el agua, en la tierra, en el aire, en cualquier lugar del universo, pertenecientes a cualquier reino. A esto se refiere «todos los seres vivos». Aspiramos a alcanzar el despertar con el fin de ayudar a iluminarse y liberarse a todos los seres vivos, porque, al igual que nosotros, todos los seres vivos están atrapados en la prisión del *samsara*. Si encontramos la forma de escapar, no podemos irnos solos; hemos de abrir las puertas y guiar a los demás hacia fuera. Esa es nuestra aspiración.

Lo que implica que todos esos seres vivos con los que tenemos que tratar no son obstáculos para nuestra iluminación, sino piedras preciosas otorgadoras de deseos, que nos ayudan a cultivar la bondad amorosa, la compasión, la resiliencia paciente, la generosidad y todas las cualidades del corazón. ¿Cómo podríamos hacerlo si no tuviéramos a esas personas para practicarlo?

Podemos estar sentados a solas y recitar la fórmula: «¡Que todos los seres estén bien y sean felices!». Y entonces aparece alguien y hace un ruido, y le regañamos: «¡Shhh, no hagas ruido! ¡Estoy haciendo mi meditación de bondad amorosa!». Necesitamos la presencia de otros seres para deshacernos de este tipo de hipocresía. Necesitamos a otras personas que nos reflejen, porque solo con el apoyo de otros seres vivos que despierten nuestra compasión y nuestra bondad amorosa podremos culminar todos los estadios del camino. Por tanto: «¡Que pueda yo, sin desmayo, apreciar a todos los seres!». Que pueda siempre prestarles mi afecto.

En esta estrofa 10, Thogme Sangpo establece el objetivo, entonces, ¿qué vamos a ver en el resto del texto? ¡Ya estamos camino de la iluminación! Y la única forma de conseguirlo es haciendo uso de todo lo que nos suceda, en especial las adversidades que se presenten, llevándolas al camino y transformándolas. Hemos de tomar cualquier cosa que nos ocurra y utilizarla. De este modo avanzaremos.

Si solo practicamos cuando las condiciones externas son amables, pero no cuando la gente hace ruido, cuando hay problemas, cuando nos sentimos mal, o cuando surge cualquier contratiempo, entonces no sabemos qué es la práctica. Tenemos que aprender a usar nuestra vida –todo en nuestra vida– como nuestra práctica. De eso se trata. Y para recordárnoslo viene a continuación la estrofa 11.

11. Practicar la bondad y la compasión

Todo sufrimiento sin excepción surge del deseo de felicidad para sí mismo, mientras que la perfecta budeidad nace del pensamiento de beneficiar a los demás. Por tanto, intercambiar de forma auténtica mi propia felicidad por el sufrimiento de los demás es la práctica del bodhisattva.

La razón por la que sufrimos es que estamos enganchados a la ilusión egocéntrica e imaginamos que, en la medida en que nos ocupemos de nuestros propios intereses y satisfagamos nuestros planes y deseos, entonces de alguna forma alcanzaremos la felicidad. Los demás ya se ocuparán de la suya, no es asunto nuestro. Nuestro problema es ser felices nosotros mismos. Pero la cosa no funciona así; dee verdad que no funciona.

Las personas más infelices y desesperadas son aquellas que piensan exclusivamente en su propia felicidad. Nos vemos más y más atrapados porque nuestros deseos crecen sin descanso ni límite. No vamos a estar nunca satisfechos de ninguna manera. Cuando un deseo es satisfecho, otro ocupa su lugar. No sucede que, al cumplirse nuestros deseos, se acaben ya para siempre. Aparecen más deseos, y a continuación más y más; es un proceso sin fin. Los deseos crecen en una escalada en espiral hasta que nos llevan a la desesperación, y cada vez más lejos de la liberación. El ego se hincha de tal forma que, al final, somos esclavos de nuestros propios deseos y de nuestra adicción a las satisfacciones materiales y al poder. Montones de personas supuestamente de éxito acaban paranoicos, o alcohólicos, o adictos a distintos tipos de drogas.

El asunto es que si solo estamos pensando en nuestra propia felicidad, en nuestra autosatisfacción y beneficio, acabamos completamente atrapados y desesperados. En general, se pone mucha energía mal dirigida en ser feliz, y no se es feliz en absoluto.

Nuestra sociedad presenta la felicidad como el resultado de conseguir más posesiones, lograr una buena posición social, permanecer siempre joven y guapo, deseable para los demás, y junto a ello defender nuestro territorio. Exactamente los cinco venenos que ya nos son familiares: la avaricia, la agresividad, el orgullo, los celos y la envidia, que en conjunto constituyen nuestra ignorancia o ilusión fundamental del ego, a la que el mismo Buda atribuyó la causa del sufrimiento.

Y, sin embargo, nuestra moderna sociedad promociona estas aflicciones emocionales –verdaderas causas del sufrimiento– como causas de la felicidad. No es de extrañar que todo el mundo corra tras la satisfacción, como si de un espejismo en el desierto se tratara. Lo que parece agua y palmeras no es sino una ilusión, y nos morimos de sed. Es triste que tanta gente vaya desesperada tras un espejismo.

Este es el motivo por el que Thogme Sangpo dice: *Todo sufrimiento sin excepción surge del deseo de felicidad para sí mismo. Mientras que la perfecta budeidad* –que es la auténtica felicidad– *nace del pensamiento de beneficiar a los demás*. Si pensamos en los demás y en su felicidad, y dejamos de preocuparnos tanto por nuestra propia felicidad, de repente nos damos cuenta de que somos felices. Por tanto, *intercambiar de forma auténtica mi propia felicidad por el sufrimiento de los demás es la práctica del* bodhisattva. En esto consiste la conocida práctica de *tonglen*. En la tradición tibetana, procedente del linaje del *lojong* (el adiestramiento mental) de Atisha, *tonglen* es la práctica crucial de «dar y recibir». En *Las ocho estrofas del adiestramiento mental*, Langri Thangpa aboga por esta práctica:

> En definitiva, ya sea de forma directa o indirecta,
> que pueda yo transferir toda la ayuda y alegría a mis madres,
> y que pueda tomar todo su dolor y sufrimiento
> secretamente sobre mí mismo.[24]

«¡Toda la ayuda y alegría a mis madres!». Esta idea nos debería resultar ya familiar, pues ha sido comentada por extenso en la estrofa 10. Como nos hemos estado moviendo en círculo infinitamente a través del *samsara* desde un tiempo sin principio, en determinado momento todos los seres vivos han sido nuestras madres. En Asia, la gente ama y aprecia a sus madres, incluso si se trata de una persona no especialmente agradable. La madre es tomada como el ejemplo de persona que desearíamos que quedara libre de sufrimiento y fuera feliz. A partir de ella podemos hacer extensivo ese sentimiento de calor y afecto a todos los seres vivos, porque en un punto u otro hemos mantenido la misma relación íntima con ellos. Esa es la idea.

Cuando Langri Thangpa dice «de forma directa», quiere decir que, si estamos con alguien que necesita ayuda, podemos prestársela allí mismo, en el mismo momento. Lo ayudamos en persona, de forma directa. «De forma indirecta» significa que si no estamos realmente en presencia de ellos, que es el caso la mayor parte de las veces, no obstante, podemos hacer meditaciones destinadas a desearles el bien y la felicidad –meditaciones sobre la bondad amorosa y la compasión–. Y así enviamos nuestros buenos deseos a todos los seres vivos, para que reciban de modo indirecto nuestro deseo por su bienestar.

Esta práctica muy intencionada y bien dirigida de *tonglen* posee diversas aplicaciones, todas ellas basadas en el amor y la compasión. El esquema básico de la práctica es el siguiente: pensamos en alguien que tenga algún tipo de sufrimiento. Puede ser alguien que tengamos delante, alguien a quien simplemente imaginemos, o podemos usar una foto de la persona. Al inspirar, visualizamos que absorbemos una luz oscura, más o menos como una aspiradora succionando todo su sufrimiento, a la vez que las causas de ese sufrimiento –presente y kármico–. Visualizamos el sufrimiento absorbido en forma de luz negra o humo de la polución. Esto lo llevamos hasta dentro de nuestro corazón (el centro del pecho, no el corazón físico), y ahí se convierte en una pequeña perla negra que representa la mente egocéntrica; esta mente egoísta no quiere aceptar el sufrimiento de otras personas, a pesar de la pena que podamos sentir por ellas. Esta es la mente que piensa: «Realmente siento mucho que estés enfermo, pero me alegro de que no me haya tocado a mí». O: «Esta práctica es excelente, espero que no funcione de verdad». A pesar de que sintamos el sufrimiento de los demás, no queremos tomarlo sobre nosotros.

Visualizamos esta oscura luz del sufrimiento del otro entrando dentro de nosotros, y disolviéndose en la pequeña perla negra de la «yoidad» (ya que la última cosa que deseamos es echarnos encima los problemas de los demás), invitando de forma deliberada al sufrimiento con el deseo de «Lo tomo sobre mí mismo», lo que hace colapsar nuestra actitud egocentrista. A continuación, cuando la luz oscura se integra dentro de la perla, la perla misma se transforma en un diamante de un brillo deslumbrante, representación de nuestra verdadera naturaleza búdica, la naturaleza prístina de la mente, que no puede ser contaminada por el sufrimiento. Eternamente dichosa y saludable. Lo incondicionado que nunca puede ser afectado por lo condicionado.

Nuestra verdadera naturaleza es bienestar sin fin, de modo que tan pronto como la pequeña perla negra del egocentrismo desaparece, descubrimos esa verdadera naturaleza nuestra que no alberga problema alguno. A continuación espiramos blanca y clara luz, que representa nuestras cualidades ilimitadas de sabiduría, compasión, salud, buen *karma* –todo lo bueno que hay en nosotros–. Esta luz se envía al exterior al espirar, y visualizamos que se funde con la persona, ya esté presente o ya sea imaginada. Imaginamos cada célula de su cuerpo impregnada de luz y sanada, de manera que la persona se siente completamente feliz y tranquila. Con la inspiración, absorbemos la oscuridad; con la espiración, enviamos nuestras brillantes cualidades sanadoras en forma de clara luz.

Esta práctica puede ser utilizada de muchas maneras. Por ejemplo, si estamos enfermos, en vez de quedarnos postrados lamentándonos por nosotros mismos, podemos imaginar que el sufrimiento de todos aquellos que padecen la misma enfermedad se absorbe en nosotros. Un caso concreto: si tenemos dolor de cabeza, podemos visualizar que todos los que padecen dolor de cabeza en el mundo en ese momento se incorporan a nosotros. Tomamos todo este dolor y libramos de él a los demás. O incluso si nos sentimos tristes, podemos hacer *tonglen* por nosotros mismos. Es una práctica muy beneficiosa. Muchos lamas, cuando están enfermos o en el proceso de morir, declaran que practican «guru yoga» y *tonglen*.

Esta práctica le da sentido a nuestro sufrimiento, y es de gran ayuda para los demás. Muchas personas, cuando van de visita al hospital a ver a algún paciente, no saben qué hacer mientras están ahí sentados con el enfermo, o tal vez el moribundo. Podemos sencillamente coger su mano y sentarnos a su lado, haciendo *tonglen* en silencio. Si alguien entra en la habitación en ese momento, notará la pacífica atmósfera. A veces, los pacientes afirman que, por alguna extraña razón, se han sentido reconfortados. De manera que, si visitamos a algún enfermo, podemos sentarnos ahí a su lado, en silencio, haciendo *tonglen*, absorbiendo oscuridad, transmitiendo luz. Secretamente. No debemos explicarles «Estoy haciendo esto por ti». No necesitan saber lo que estamos pensando o haciendo.

Si nos encontramos en la habitación de un hospital, no es necesario adoptar ninguna postura concreta. Simplemente nos sentamos. Nadie sabrá qué estamos haciendo. No necesitamos llamar la atención hacia nuestras prácticas. Incluso en un autobús, un tren o un avión, podemos hacer *tonglen*. Podemos tomar todos los problemas, ansiedades y sufrimientos de la gente que nos rodea, y emitir luz y amor. Todos y cada uno de nosotros tenemos problemas, sin duda. Si no es por una cosa, es por otra. Si no son nuestros propios problemas, entonces estamos preocupados por alguien cercano. Imagina hacer tuyo todo eso. Qué estupendo si pudiéramos tomar todo el sufrimiento de los demás y devolverles gozo, felicidad y bienestar. Estoy segura de que todos nosotros nos sentiríamos felices de poder hacerlo. Si pudiéramos tomar el sufrimiento de todo el mundo y devolverles alegría, sería un buen negocio, ya que nos estaría brindando la preciosa oportunidad de practicar la compasión.

En vez de quedarnos ahí sintiéndonos internamente inútiles frente al sufrimiento –dejando de lado cualquier cosa que podamos hacer en el aspecto material–, podemos llevar a cabo estas prácticas espirituales. Si las hacemos con sinceridad, supondrán un cambio real en la atmósfera. A menudo, la gente nota que algo ha cambiado. No saben qué pasa, pero notan una mejoría interna. Nuestros pensamientos tienen un tremendo poder. Es importante recordar esto.

Estuve viviendo durante bastantes años en las colinas que hay detrás del lugar de peregrinación de Asís, de donde era san Francisco. Hoy en día está todo muy bien arreglado y es un importante lugar de peregrinación. Los turistas que visitan Italia, normalmente van a Roma, Florencia, Asís y Venecia, así que el pueblo está plagado de tiendas que venden baratijas para turistas. Sin embargo, debido a que fue el hogar de san

Francisco y santa Clara, y durante siglos la gente lo ha visitado en peregrinación, todavía conserva una poderosa energía. Hay muchos preciosos pueblos medievales en la Umbría y la Toscana, pero Asís es algo especial, incluso hoy en día y a pesar de todo el mercantilismo. He conocido a un montón de gente que me ha dicho que cuando, en su *tour* turístico, pasaron por Asís, tuvieron, sin motivo aparente, una profunda experiencia espiritual. No se lo esperaban en absoluto. No iban de viaje espiritual, simplemente de *camping* por Europa. Pero al llegar a Asís, sintieron que algo se movía en su interior, y allí tuvieron una experiencia que cambió sus vidas.

El barrio de Bodhgaya, emplazado en el centro de una zona urbana caótica, produce un efecto similar en la gente. Bihar es el estado más problemático de la India. En cierto sentido es casi un reino infernal, y sin duda es un reino de espíritus hambrientos, con sus altos niveles de pobreza y violencia. Mendigos, charlatanes, ensordecedores *bhajans*, que salen a todo volumen de los templos, distorsionados por los estridentes altavoces. En medio de este caos se asienta Bodhgaya, rodeada por un modesto muro de piedra. Nada más atravesar su puerta es como entrar en un reino puro, especialmente en las horas tempranas de la mañana, o al atardecer, cuando todos los turistas se han marchado. Es un extraordinario lugar, que tiene una fortísima energía pacífica, por los pensamientos y las aspiraciones reunidos de todos los devotos peregrinos del mundo entero que han pasado por allí, haciendo plegarias y postraciones. Y, por supuesto, el mismo Buda alcanzó allí la iluminación.

De forma similar, si vamos a Auschwitz, o a alguno de esos sitios donde tuvo lugar algo horrible, realmente ya no queda mucho. Unos cuantos edificios, unas fotos de la gente que estuvo internada y murió en el lugar. Poco más. Y, sin embargo, percibimos la tragedia que sucedió allí. La atmósfera es tan oscura y está tan cargada. La sensación de miedo, sufrimiento y dolor aún flota en el ambiente, debido a las horribles cosas que sucedieron y al sufrimiento de todas las personas que han visitado el lugar desde entonces. Podemos sentir que algo ominoso ocurrió en ese sitio.

La forma externa de un lugar puede no ser amenazadora ni especial, pero la energía mental puede sentirse aún. Ya se trate de una energía positiva, cargada de amor y devoción, o negativa, como el miedo y el odio, permanecen en el lugar. Debemos ser cuidadosos con nuestros pensamientos.

Cuando nos encontremos en cualquier situación dominada por el miedo o el desorden mental, por la ira y el odio, no conectemos con esa oscura energía, por favor. Frente al odio y al miedo, respondamos con bondad amorosa y compasión. No tenemos necesidad de dejarnos arrastrar y aumentar el desorden mental. No es de ayuda. Dejarse contagiar solo aumenta el problema. Lo que todos necesitamos de verdad es reemplazar esa energía negativa por otra positiva. Emitid bondad amorosa. Cubrid el país entero, la esfera terrestre, con luz dorada de amor y sanación, no suméis más energía negativa. Por favor. Nuestros pensamientos tienen poder. Así que generad luz positiva, no negativa. Practicad una compasión intrépida.

Nuestros pensamientos poseen un gran poder, y *tonglen* es una práctica completamente motivada por la compasión. Su resultado global no solo beneficia a la persona a quien se dedica la práctica, sino que también ayuda a poner de relieve y reducir nuestra preocupación egoísta. Esta cualidad de amor altruista que desarrollamos abre de forma auténtica nuestro corazón al sufrimiento del mundo, y nos permite absorberlo y devolver toda la bondad que albergamos al resto de los seres sin excepción. Este es nuestro reto. Es a la vez un reto inicial y un reto relacionado con nuestro objetico último: la realización o despertar. Dilgo Khyentse Rinpoche explica:

> Algunas personas tal vez crean que estas enseñanzas sobre la compasión y el cambio de uno mismo por los demás son parte de las enseñanzas del «camino gradual» de los *sutras*, y no son ni de lejos tan efectivas como las más avanzadas del «camino directo», las enseñanzas de *La Gran Perfección* o *El Gran Sello*. Esto es un completo error. Solo si uno ha desarrollado el amor y la compasión de la «*bodhichitta* relativa», entonces la «*bodhichitta* absoluta» –la verdadera esencia de *La Gran Perfección* y del *Gran Sello*– puede nacer en su interior.[25]

Dicho de otra forma, la práctica de la compasión es esencial para el éxito de la práctica de *dzogchen* o la práctica de *mahamudra*. A continuación os presento un esquema básico de la práctica de *tonglen*. ¡Que sea de beneficio para uno mismo y para el resto de los seres vivos!

Visualiza a alguien que esté sufriendo.

Al inspirar, imagina que absorbes todo su sufrimiento y las causas de su sufrimiento, en forma de una luz oscura o un humo sucio.

Esta luz oscura desciende, con la inspiración, al *chakra* de tu corazón, en el centro del pecho. Y se materializa en forma de una pequeña perla negra (símbolo de la mente egocéntrica).

La perla negra, inmediatamente, se disuelve y se transforma en un diamante luminoso (símbolo de nuestra naturaleza búdica).

Al espirar, imagina que ese diamante irradia una brillante luz hacia el exterior y se disuelve en la persona visualizada, llenando cada partícula de su cuerpo y de su mente con la clara y brillante luz de la salud y la felicidad.

12. Aceptar las adversidades

Si alguien llevado por un gran deseo
arrebata todas mis posesiones, o induce a
otros a hacerlo,
dedicarle a él (o ella) mi cuerpo, mis per-
tenencias
y todo mi mérito pasado, presente y futuro,
es la práctica del bodhisattva.

En la estrofa 12, el texto prosigue con una exposición sobre la adversidad. Cuando nos suceden acontecimientos crueles, especialmente si pensamos que son inmerecidos, ¿cómo reaccionar para llevar esa adversidad al camino? El budismo tibetano enfatiza el hecho de llevarlo todo al camino sin descartar nada, ni siquiera las cosas que vemos como grandes obstáculos y problemas, que nos suelen hacer pensar: «Yo sería mucho mejor practicante si no…».

Todo debe ser utilizado. Es como las peladuras de las verduras. En vez de simplemente desecharlas como inservibles, podemos amontonarlas y hacer con ellas un compost que sirva para que las flores y las hortalizas crezcan mejor. De igual manera, en vez de descartar los problemas y los obstáculos en nuestras vidas, podemos hacer uso de ellos para nuestra práctica; con la comprensión de que, si las cosas siempre nos van bien, existe la posibilidad de adormecernos en el sentimiento de que estamos mucho más avanzados y somos mejores practicantes de lo que en realidad somos. Si todo el mundo es amable, es fácil ser amoroso. Por supuesto que es natural desear que la gente sea amistosa y buena con nosotros, el problema es que, si solo nos encontramos con bondad y amistad, podemos creer que ya todo va bien en nuestro ser interior. ¡Soy siempre tan bueno y amistoso!. Esto puede darnos la falsa impresión de que hemos superado la ira, de que hemos dejado atrás los celos, de que ya nada nos hace sentirnos heridos, y puede que no sea verdad. A menudo, las emociones aflictivas como estas viven todavía latentes en nuestro interior, solo a la espera de que nos encontremos con personas o circunstancias adversas para volver a emerger con rapidez.

Sin embargo, en vez de sentirnos molestos, bien con la persona causante de nuestra reacción negativa, bien con nosotros mismos por habernos enfadado, podemos pensar: «¡Oh, qué persona tan detestable, qué maravillosa oportunidad! Ahora puedo practicar de verdad. ¡Muchas gracias por mostrarme el trabajo que aún me queda por hacer! Realmente eres un maestro para mí. No me había dado cuenta de lo sensible que soy sobre este asunto, y tú me lo has señalado. Estoy verdaderamente agradecido por ello».

Así que, en vez de considerar a quien es irritante o hiriente como nuestro enemigo, nuestro oponente, y llenarnos de enfado y de ira, podemos reconocer que en realidad nos está ofreciendo una buena oportunidad. Esto nos ayuda a vernos con mucha más claridad: el trabajo que nos queda por delante y, al mismo tiempo, que es una oportunidad de ponernos a trabajar en la solución.

Cambiar nuestra actitud puede cambiarlo todo. Podemos encarar situaciones que antes nos parecían muy duras como una estupenda oportunidad espiritual para aprender y evolucionar. De nuevo, es como ir al gimnasio y tener que vérnoslas con una máquina retadora, diseñada para poner a prueba nuestra musculatura. No nos molestamos con la máquina; al contrario, agradecemos que nos descubra que necesitamos hacer mucho ejercicio. No la emprendemos a patadas con ella, y acabamos enfadados porque sea una máquina difícil. Pensamos: «¡Estupendo, voy a hacer un entrenamiento fantástico!», y acabamos cubiertos de sudor y sintiéndonos maravillosamente. La práctica de *lojong* es un entrenamiento espiritual que nos desafía de verdad, y la fuerza interior resultante es muy profunda.

Cuando nos topamos con personas que nos crean dificultades o nos ponen en ridículo, irrumpe en nosotros el sentido del «yo» de forma intensa: «¡Me están insultando, humillándome, engañándome!». Este sentido del «yo» que surge con tanta intensidad en esos momentos puede ser propicio, ya que nos deja ver con claridad con qué estamos tratando. Si no hubiera un «yo», ¿cuál sería el problema? No habría ninguno. Dilgo Khyentse Rinpoche señala de forma lúcida:

Practicar de esta manera os ayuda a erradicar la creencia en un *ego* verdaderamente existente. Ya que, al final, vuestros verdaderos enemigos no son la gente tiránica que ocupa el poder, los violentos o despiadados competidores que os hostigan sin cesar, os quitan lo vuestro u os amenazan con llevaros a juicio. Vuestro auténtico enemigo es la creencia en un *ego*.

Esta idea de un *ego* permanente os ha mantenido vagando impotentes en los reinos inferiores del samsara durante incontables vidas pasadas. Es la razón verdadera que os impide liberaros, y ayudar a hacerlo a los demás, de la existencia condicionada. Si simplemente pudierais dejar ir la idea de «yo», os daríais cuenta de lo fácil que es ser libre, y ayudar a los demás a serlo. Si hoy superarais la creencia en un *ego* verdaderamente existente, hoy mismo seríais libres. Si la superáis mañana, mañana os iluminaréis. Y si nunca lo hacéis, nunca obtendréis la liberación.[26]

Cuando entramos en batalla con la gente que nos humilla o nos critica, especialmente si las críticas son falsas, entonces nuestra actitud de estar a la defensiva se ve con toda claridad. Y dado que este es el asunto con el que tenemos que lidiar, agradecemos la ayuda. Ese es exactamente el tema central de nuestro texto, cómo llevar esas desafiantes situaciones que conciernen a las ocho preocupaciones mundanas –elogio y difamación, ganancia y pérdida, placer y sufrimiento, fama y deshonra– al camino, y utilizarlas para nuestro avance espiritual hacia la transformación interior. Este es el núcleo del asunto en la mayoría de las estrofas, y cada una de ellas se centra en una faceta concreta de los problemas que nos surgen a diario.

Esta estrofa no está diciendo que si, por ejemplo, alguien nos roba el pasaporte, las tarjetas de crédito u objetos similares, no deberíamos ir a la policía para intentar recuperarlos. Se trata del punto de vista de la práctica: supongamos que tenemos pertenencias y alguien nos roba. Podemos hacer dos consideraciones al respecto: la primera es que ese suceso es la consecuencia de haber robado a alguien en el pasado –el resultado kármico de una acción realizada por nosotros en el pasado–; y ahora estamos liquidando esta deuda kármica, lo cual es magnífico. La segunda consideración es que, si alguien tomara todo lo que nos pertenece, dejaríamos de tener que estar protegiéndolo. Cuanta más gente hay, más se necesita que haya sistemas de alarma, perros guardianes, triples cerraduras y cámaras de vigilancia. Cuanto más ricos nos hacemos, más obligados estamos por nuestras posesiones. Si no tenemos gran cosa, entonces es bastante improbable que nadie vaya a molestarse en quitárnoslo, y si lo hace, ¡qué! En vez de vivir inquietos por si alguien nos quita algo, podemos pensar: «En esta y en las futuras vidas, ofrezco mi cuerpo, mis posesiones y mi mérito». Ni siquiera estaremos atrapados tratando de crear una jugosa cuenta de ahorros de méritos para el futuro. Lo ofrecemos todo: ¡Tómalo todo, eres bienvenido!

La idea de apreciar incluso a los maleantes es el punto central de la cuarta estrofa de *Las ocho estrofas del adiestramiento mental* de Langri Thangpa:

> Cuando vea yo a gente malhumorada,
> abrumada por las malas acciones y el sufrimiento,
> que pueda yo cuidarla como si fuera gente excepcional,
> como si hubiera encontrado un tesoro escondido.[27]

Esta es la esencia del enfoque del *lojong*: tomar las situaciones que son consideradas normalmente como obstáculos y transformarlas en oportunidades espirituales. No se trata de jerga *New Age*. Es genuino *Dharma* del Buda. Recuerdo una vez que fui a visitar a un lama tibetano tradicional que nunca había estado en Occidente. Empecé a quejarme de todas las dificultades que yo estaba encontrando, y él me contestó literalmente: «Si dices "esto es un obstáculo", es un "obstáculo". Si dices "esto es una oportunidad", es una "oportunidad"». Todo depende de cómo nos lo tomemos.

Necesitamos desarrollar compasión, bondad amorosa, paciencia y generosidad con la conducta de los demás. Necesitamos cultivar una mente-corazón abierta y flexible. ¿Y cómo podríamos aprender estas cualidades si todo el mundo solo hiciera y dijera lo que queremos ver y oír? Pensaríamos: «Soy una persona buena y amistosa. Todo el mundo me quiere y yo quiero a todo el mundo». Pero si solo queremos a todo el mundo porque todo el mundo nos quiere, no aprendemos nada. La razón por la cual los reinos celestiales de los *devas* son considerados un callejón sin salida espiritual es porque allí todo es maravilloso. Tienen hermosos cuerpos de luz, árboles que satisfacen todos sus apetitos y gemas que otorgan todos los deseos. Todo lo que se anhela se consigue. Solo hay paz y amor.

A veces, cuando todo marcha con suavidad y tranquilidad, la gente no se siente incentivada para practicar. Por qué molestarse en hacerlo cuando estoy pasándomelo tan bien. En los reinos celestiales, todo el mundo es hermoso y no envejece. Mientras dura el buen *karma* que originó ese renacimiento, las cosas funcionan. Pero todo es impermanente, e incluso los reinos celestiales están sujetos a la rueda del *samsara*. Y debido a que no hemos mostrado ningún interés en ese merecimiento, cuando el crédito de dicho mérito comienza a escasear y acaba agotándose, hemos de desalojar los reinos celestiales y renacer de nuevo. Y en el ínterin no hemos aprendido nada en absoluto.

Para motivarnos en el camino tenemos la zanahoria y el palo. La zanahoria es la promesa de que, si practicamos, nos sentiremos mejor, con más calma y claridad, y más a gusto con nosotros mismos; seremos mucho más capaces de beneficiar al resto de los seres vivos; y todo eso. El palo, o el látigo, son las dificultades de la vida cotidiana. Esas son las cosas que nos llevan a desarrollar una relación completamente diferente con las circunstancias adversas y la gente incómoda, que es lo que nos va a ayudar a cultivar la compasión, la resiliencia paciente, la bondad y la generosidad.

Por tanto, cuando vemos «a gente malhumorada, abrumada por las malas acciones y el sufrimiento», necesitamos «atesorarla como si fuera gente excepcional». Estas son las personas que van a ayudarnos con nuestra práctica. Personas difíciles, personas que nos desafían de cualquier manera, ellas son las que nos ayudarán en el camino espiritual. En vez de evitarlas, debemos agradecer su presencia, su apoyo en la tarea de cultivar las mencionadas cualidades. ¿Cómo vamos a ser capaces de aprender si no? Si no hacemos ejercicio, nunca vamos a desarrollar una musculatura fuerte. En nuestro interior estaremos espiritualmente fofos. Podemos conducir cuando todo está bien y tranquilo, y la carretera es llana y el pavimento está liso. Pero en el momento en que se vuelve irregular, con baches y rodadas, no sabemos conducir. Nos quedamos bloqueados. Este es el punto crucial.

Hay una historia sobre un monje zen que era bastante pobre y vivía en una ermita. Un día, a su regreso, se encontró con que su refugio había sido asaltado y se habían llevado todo –sus ollas y sus sartenes, la comida almacenada, todo–. Echó un último vistazo, y luego salió al exterior; era una noche de luna llena. Levantó su vista al cielo y dijo: «¡Oh, me hubiera gustado darle también esta luna!». Es el sentimiento de que, por mucho que el ladrón se haya llevado, nos gustaría habérselo dado todo, desearíamos que sea feliz. Si alguien nos roba es porque, o hay emociones negativas en su mente, o de verdad lo necesita. Si se lleva el dinero, podemos pensar: «Espero que realmente lo necesite; tal vez sea para alimentar o educar a sus hijos. Ojalá que no se lo gaste en bebida y que le dé buen uso. Me alegro por él». Si el dinero ha desaparecido, ¿por qué preocuparse? Y nos lo devuelvan o no, el asunto es que podemos reaccionar de dos formas distintas: sintiéndonos molestos, enfadados y despojados, o diciéndonos a nosotros mismos: «Bueno, esto salda un *karma*, espero que él haya quedado contento con el botín. ¡Me alegro de haber hecho feliz a un ser vivo en el día de hoy!».

Normalmente, no es la situación la que causa el problema; es nuestra reacción a ella la que lo produce. Cuando nos provocamos sufrimiento a nosotros mismos, no es el delincuente el que sufre. Somos nosotros quienes sufrimos el sentimiento de pérdida, y además el sentimiento de rencor, de manera que generamos un doble sufrimiento. Esto no significa que no haya que cerrar las puertas y tomar precauciones, sino que, cuando perdemos cosas, hemos de aceptar la pérdida pero de forma auténtica. Cuando me suceden cosas que yo no deseo, normalmente me digo: «Si esto es lo peor que está sucediendo en el mundo en este instante, entonces vivo en una *Tierra Pura*». Porque lo cierto es que la mayoría de nuestros problemas son irrelevantes, si los comparamos con las terribles cosas que les están sucediendo en ese mismo momento a otras personas; de modo que… ¿por qué molestarse tanto? La estrofa 13 continúa desarrollando este tema.

13. Llevar el sufrimiento al camino

Si, a cambio de ni siquiera la menor ofensa mía,
alguien fuera a cortarme la cabeza,
tomar todas sus acciones negativas sobre mí,
a través del poder de la compasión, es la
práctica del bodhisattva.

Esto es pertinente en este punto porque en muchos países gobernados por regímenes totalitarios, incluido el Tíbet, muchas personas son llevadas a prisión y torturadas salvajemente, o ejecutadas sin que hayan hecho nada malo. Repito que no se trata solo de un planteamiento teórico, sino que es algo que sucede en muchas partes del mundo.

El Tíbet es un buen ejemplo. Muchos grandes lamas, así como otras personas, fueron encarcelados y tratados con crueldad, interrogados y torturados, durante veinte o veinticinco años. No habían hecho nada malo en esta vida. Algunos eran grandes maestros. Probablemente en su fuero interno recitaban este mismo texto, que habían aprendido siendo jóvenes monjes, ya que tras su liberación de los campos de trabajo forzoso, en vez de mostrarse airados y amargados, y sentir que habían desperdiciado sus vidas, aparecieron radiantes: enflaquecidos pero luminosos, con la mirada resplandeciente.

Como es bien conocido, su santidad el Dalái Lama preguntó a uno de estos prisioneros políticos cuál había sido su mayor temor, y el antiguo prisionero le respondió: «Mi temor más grande era perder la compasión por mis torturadores». Estaba claro que no la había perdido, porque irradiaba amor. También hemos oído a muchos otros verdaderos practicantes lo agradecidos que se muestran por las penalidades que les tocó soportar. De lo contrario, todo este asunto sería pura teoría, preceptos para aprenderse de memoria. Pero cuando nos enfrentamos a alguien cuya idea fija es dañarnos –a pesar de que nosotros no hayamos hecho nada en su contra en esta vida–, ¿cómo hemos de responder? Podemos hacerlo de dos formas: con enfado, miedo, odio y planes de venganza, o podemos pensar «Esta pobre persona actúa de este modo debido a sus puntos de vista erróneos. ¡Qué triste! Tomo toda su negatividad sobre mí mismo, y le entrego toda mi virtud y mis méritos. ¡Que pueda encontrar la gran felicidad, que pueda hallar la paz!». Y cuanto más difícil sea, más proyectamos sobre esa persona nuestra compasión y nuestra bondad amorosa. Se puede conseguir. O nos venimos abajo –y acabamos amargados, vengativos y llenos de autocompasión–, o nos superamos y tomamos todo lo que nos suceda como una enseñanza en el camino.

A pesar de que pocos de nosotros vamos a ser encarcelados, golpeados e interrogados, siempre hay pruebas en la vida;

por ejemplo, gente que no se comporta como debiera sin que haya una razón aparente. ¿Por qué son tan desagradables? ¿Cómo debemos reaccionar o comportarnos con ellos? ¿Debemos tomarlo como una oportunidad para fortalecer nuestra práctica y beneficiarlos por medio de nuestros pensamientos de bondad amorosa, o no? ¿Debemos comportarnos como gente ordinaria que nunca ha oído ni una palabra del *Dharma*? De vez en cuando les recuerdo a nuestras monjas que no es el hecho de llevar la cabeza afeitada y vestir hábitos lo que nos hace practicantes del *Dharma*; es cómo respondemos a las circunstancias de cada día. Si alguien hace algo que no deseamos, o nos habla de forma maleducada, o nos critica, ¿cómo respondemos?

Tenemos una amiga australiana que cuando conduce por esas carreteas de la India siempre desafiantes (especialmente cuando alguien te adelanta en una curva cerrada, o pega el frenazo delante de ti sin previo aviso), suele utilizar un lenguaje un poco «suelto» para dar salida a sus sentimientos, pero enseguida añade «¡Y que todo te vaya bien y seas feliz!». Solo con que recordemos ese poquito…

En el caso de que no hayamos hecho nada malo y los demás estén siendo infames, cabe considerar que seamos nosotros mismos los que hayamos creado las causas en alguna vida pasada. Nada sucede sin una causa, ya se haya producido en esta vida o en alguna anterior; entonces plantamos las semillas y ahora germinan. Si respondemos con enfado, indignación o miedo, estamos contribuyendo a añadir más *karma* negativo, mientras que si lo hacemos con paciencia, amor y comprensión, ese *karma* queda purificado de manera completa.

A veces recibo cartas de personas que, tal vez tras treinta años o más, aún porfían en el hecho de haber sido engañadas con alguna propiedad, o haber sido objeto de abuso por aquel entonces. Es muy triste. Yo insisto en recordarles que todo eso sucedió en el pasado. Dejadlo ir y considerad únicamente lo que ahora tenéis. Están creando su propio sufrimiento, mucho más que la persona que les engañó. Es como tener una herida que, si dejamos de prestarle atención, se cura sola, pero si continuamos rascándola empeora y, al final, se infecta y envenena nuestra sangre.

No podemos basar nuestras vidas en la cólera, el resentimiento y el miedo. Su santidad el Dalái Lama es un buen ejemplo de cómo tratar con habilidad con la opresión injusta, al igual que Aung San Suu Kyi, que ha estado sometida a una gran tensión y ha debido afrontar muchas dificultades, y sin duda mucho miedo, bajo el gobierno represivo. Pero incluso estando bajo arresto domiciliario, en vez de utilizar su tiempo para escribir cartas de ataque contra el tiránico gobierno dirigidas a todo el mundo, se ha dedicado a meditar, a leer libros, a pensar de forma constructiva, tratando de usar ese tiempo para su desarrollo interior como *bodhisattva*.

Si tenemos que habérnoslas con alguien especialmente difícil, podemos intentar ponernos en su piel. ¿Cómo nos sentiríamos si tuviéramos su mente? ¿Cómo sería? De esta forma podemos llegar a sentir una compasión natural, porque nadie daña a los demás a menos que uno mismo esté dañado por dentro. Una persona totalmente feliz y en paz consigo misma no necesita dañar a nadie. Al final, todo remite a nuestra propia respuesta –no a lo que nos sucede, sino a cómo gestionamos lo que nos sucede, ¿de manera hábil, o torpe?–. Dilgo Khyentse Rinpoche enseña que «En respuesta al daño, un *bodhisattva* trata de ofrecer ayuda y beneficios».[28] Y esto nos lleva hasta la estrofa 14.

14. No tomar represalias cuando se es dañado

Incluso si alguien dice toda clase de cosas
despectivas sobre mí
y las difunde a través del mundo entero,
a cambio, debido a la bondad compasiva,
elogiar las cualidades de esa persona es la
práctica del bodhisattva.

Es normal que, si alguien dice algo desagradable sobre nosotros, queramos replicar de manera fea a esa persona. Entonces, ella añade algo aún peor y nosotros respondemos de la forma previsible, y al final nada se resuelve. Esto solo crea una escalada de malos sentimientos, odio y agresividad, que obviamente no es la forma correcta de comportarse.

Si alguien nos critica, lo primero es considerar si tiene razón o no. ¿Está señalando algún defecto oculto mío que yo no había notado? Si es así, debemos estar agradecidos. De ser completamente falso, ¿entonces qué? Si es falso, uno no necesita empezar a defenderse, porque las habladurías finalmente desaparecen, como los negros nubarrones en el cielo. Sin embargo, si, por ejemplo, somos responsables de un centro de *dharma* y se nos acusa de amañar la contabilidad, o algo por el estilo, y no es cierto, entonces lo justo es que tratemos de demostrar nuestra integridad. De lo contrario, los falsos rumores podrían dañar al centro de *dharma*, e incluso hacer recaer sospechas sobre otros centros. Pero debemos hacerlo sin una actitud guerrera ni hostil y, por supuesto, sin tratar de culpar a la otra persona. De hecho, lejos de tomar represalias, se nos aconseja: *Debido a la bondad compasiva, elogiar las cualidades de esa persona*.

De manera que cuando alguien diga algo desagradable sobre nosotros, en vez de devolverle el favor, podemos elogiar todas aquellas cosas buenas de su persona. Sin fingir ni exagerar, para que no parezca que en realidad estamos apretando los dientes. Sinceramente, a partir de la bondad compasiva, desde lo más puro de nuestro corazón, podemos apreciar las buenas cualidades de esa persona. Así, lejos de acabar enzarzados en una batalla, podemos cerrar el conflicto neutralizándolo. Si hemos tomado un veneno, no nos medicamos con otro veneno, ingerimos un antídoto. El antídoto contra las críticas es el elogio; responder con alabanzas puede incluso debilitar su negatividad, porque la otra persona no espera que demos ese giro y respondamos con amabilidad. Y hasta podría ser que cuando nos oiga cambie a su vez de opinión.

Antes de hablar bien de esa persona debemos cultivar los buenos pensamientos acerca de ella, y así nos expresaremos desde una mente amorosa. Podemos decirnos a nosotros mismos: «Aunque sea difícil, no habrá ninguna represalia de mi parte, intentaré de verdad llevar este desafío al camino. Honestamente trataré de pensar bien sobre esa persona, ya que todos tenemos buenas cualidades, así como las mismas dificultades, y trataré de pensar y actuar como un genuino practicante del *Dharma* debe hacerlo».

Todo proviene de cultivar la actitud correcta en primer lugar. No se trata de que intentemos aparentar ser *bodhisattvas*. La esencia de nuestra práctica es aprender a superar nuestra actitud egocentrista. ¿Qué es lo que, en todas las situaciones desagradables, resulta herido? Es la sensación de «me han herido». Me han humillado. Quiero tener buena fama. Quiero que la gente hable bien de mí, eso es lo que me hace feliz. Y cuando los demás dicen cosas malas sobre mí, o no hacen lo que quiero que hagan, eso me crea problemas. Siempre se trata de mí.

Los auténticos *bodhisattvas* actúan con espontaneidad, sin un sentido de «yo» y «los otros». Todas las tradiciones espirituales genuinas se enfrentan al «pequeño yo» tratando de disolverlo para abrirse a algo mucho más vasto. El budismo ofrece una gran variedad de técnicas para hacerlo –meditaciones sobre la vacuidad, meditaciones sobre la naturaleza de la mente, *vipassana*, *mahamudra*, *dzogchen*, *tantra*–, y todas nos permiten ver a través de la ilusión de nuestra apariencia sólida, eterna, con el inalterable «yo» en el centro: disolverlo en la vastedad y la espaciosidad de la consciencia.

El entrenamiento del *lojong* hace lo mismo partiendo de las emociones y los pensamientos cotidianos, ya que podemos hablar de la vacuidad, de la naturaleza de buda, de la naturaleza de la mente, pero si alguien nos mete el dedo en el ojo, gruñimos: «¡Sí, claro, todo es vacío… pero tú me has dicho que…!», y descubrimos que aún no hemos logrado la aplicación práctica de todas esas ideas en la vida cotidiana. El budismo nos enseña a practicar a todos los niveles, y este es el nivel que afecta a la vida cotidiana, a nuestras relaciones y a las situaciones desafiantes que se presentan. ¿Cómo respondemos a todo ello? ¿Lo hacemos de manera noble, como alguien que desea sinceramente integrar el *Dharma* en su vida, o solo como una persona ordinaria?

Es cuando nos las vemos con los sucesos cotidianos cuando podemos chequear en qué forma respondemos, no cuando vamos al centro de *dharma* y participamos en todas esas ceremonias tan hermosas. En la vida diaria, cuando alguien hace algo que no nos gusta y nos hiere, ¿cómo reaccionamos? Si nos irritamos, nos ponemos de mal humor y nos sentimos humillados, no deberíamos enfadarnos además con nosotros mismos, porque eso crea una espiral. Por el contrario, deberíamos reflexionar sobre el hecho de que la situación nos está mostrando todo lo que tenemos que trabajar aún. ¡Bien, ahora lo sabemos! Podemos echar mano de la humildad y volver a intentarlo. Tal vez más tarde se vuelva a presentar la ocasión, y tratemos de imaginar una respuesta distinta y más positiva. Y mientras sigamos actuando así, gradualmente nuevos patrones de conducta se instalarán en nosotros.

Los niños pequeños se enfadan cuando se les dice algo que no les gusta. Si todo va como ellos quieren, son felices; pero en cuanto no es así, se sienten desconsolados y a veces hasta pierden el control de sus emociones. Esto es porque son muy jóvenes y aún no saben cómo manejar sus turbulentos sentimientos. Pero nosotros ya hemos crecido, y el signo de ser verdaderamente adultos y maduros es que somos capaces de gestionar nuestras emociones, y de darnos cuenta cuando algo no nos es útil y necesita un cambio. Esto no sucede de la noche a la mañana, pero de forma paulatina podemos ir cambiando, hasta que en un determinado momento nos sorprendemos viendo que alguien nos hace algo realmente canalla y no nos importa. «¡Qué! –decimos– ¡Que estés bien y seas feliz!». Y entonces tenemos la sensación de que algo se está moviendo en nuestro interior. Dilgo Khyentse Rinpoche contaba una buena historia sobre la manera en que el legendario maestro Langri Thangpa, un monje puro de la tradición Kadampa, respondía a las habladurías y las calumnias:

En cierta ocasión, en la región donde se encontraba la cueva en la que él (Langri Thangpa) meditaba, había un matrimonio cuyos hijos siempre morían en la primera infancia. Cuando tuvieron un nuevo hijo, fueron a consultar al oráculo, quien les dijo que el niño sobreviviría solo si declaraban que era hijo de un maestro espiritual. La mujer tomó a su bebé, lo llevó a la cueva de Langri Thangpa y se lo plantó allí delante diciendo: «Aquí tienes a tu hijo», y se largó. El eremita no dijo nada sobre el asunto, aparte de pedirle a una devota suya que cuidara y alimentara al niño. Como era de esperar, siendo Langri Thangpa un monje, empezaron a circular habladurías sobre el hecho de que hubiera engendrado un hijo. Unos años más tarde, los padres del niño volvieron con grandes ofrendas, y de la forma más respetuosa le pidieron disculpas: «Perdónanos. Aunque tu conducta ha sido intachable, hemos dejado que los malos rumores sobre ti se extendieran. El niño ha sobrevivido únicamente gracias a tu bondad». Y, sereno como siempre, Langri Thangpa devolvió el niño a sus padres sin decir ni una palabra.[29]

Esta es la quinta estrofa del texto de Langri Thangpa *Las ocho estrofas del adiestramiento mental*:

> Cuando alguien, llevado por la envidia, se comporte mal conmigo,
> me insulte o cosas por el estilo,
> que pueda yo aceptar la derrota
> y ofrecerle a él la victoria.[30]

Cuando la gente habla mal de nosotros, se comporta de manera desagradable, nos trata con duras palabras y nos critica, ¿qué se espera que hagamos? El objetivo normal, cuando ocupamos posiciones contrarias a otros, es aplastarlos y vencer. Aquí se le da la vuelta por completo al asunto, y se dice que: «Si ellos quieren la victoria, dejémosles ganar. Que sean felices. Yo tomaré sobre mí la derrota. Por mí está bien. No me hace ningún daño. Si es lo que quieren, pueden tenerlo».

Tengo una amiga australiana cuyo padre era un hombre rico. Cuando el padre murió, hubo una disputa entre ella y su hermano por la herencia. A pesar de que las propiedades y el dinero habían quedado asignadas al cincuenta por ciento para cada uno, el hermano juzgó que ella no debería recibir nada, porque llevaba años viviendo lejos de la casa paterna, no había mantenido un contacto regular y, por consiguiente, la herencia debía ir para él. Y tenía la firme voluntad de llevar a la hermana a juicio para disputarle la herencia.

Ella vivía de forma modesta, a pesar de que es una mujer muy inteligente, y su hermano era un hombre de negocios; así que ella pensó: «¿De verdad quiero ir a juicio? Él es muy rico y contratará a los mejores abogados. Yo solo me puedo permitir los que tengan tarifas más baratas. Y después tendré que estar yendo a los juzgados durante semanas, meses, tal vez años. No solo me costará una fortuna, sino que además todo ello traerá un montón de acritud entre nosotros, ¿y para qué? Lo cierto es que no tengo mucho dinero, ¿pero acaso lo necesito? Tengo suficiente. Si a él le hace feliz conseguir todo ese montón de dinero extra sobre lo que ya tiene, entonces, ¡que esté bien y sea feliz!».

De manera que no litigó sobre el caso, y le permitió a su hermano quedarse con todo. Siguió adelante con su vida, y continúa haciéndolo. No tengo noticias sobre cómo le va al hermano. Tengo dudas de que sea más feliz por tener unos cuantos millones más. En cuanto a ella, se liberó de todo el asunto recordando el verso (de Langri Thangpa): «Que pueda yo aceptar la derrota y ofrecerle a él la victoria». Le cedió el triunfo a su hermano. Pero al final, ella obtuvo la verdadera victoria, porque permaneció libre. No tuvo que afrontar todas las preocupaciones y molestias de pasar por un amargo juicio en pro del dinero. Por su parte, el hermano, presumiblemente se quedó satisfecho y feliz. Es una bonita historia, una situación de ganancia para ambos.

Consideremos esos deportes en que se enfrentan dos equipos. Está claro que uno va a ganar y que el otro tiene que perder. Nos sentimos felices por los ganadores. Y tristes si el equipo que pierde es el nuestro, y mucho más aún si formamos parte de él. Imaginad que el equipo perdedor celebre la victoria de su rival, y que el equipo ganador aplauda al que ha perdido. Todo el mundo estaría feliz, todos habrían ganado. Está en nuestras manos decidir qué significa ganar y qué significa perder. Si podemos entregar alegremente la victoria a los demás, entonces también seremos ganadores. ¿Se me entiende?

Obviamente, no quiero decir que si nos encontramos en una situación de abuso, debamos ser cómplices de ella; o si estamos frente a alguien que nos quiere engañar o hacernos algún tipo de daño, permitamos que se salga con la suya. Aparte del hecho de que no deseemos ser heridos, kármicamente también es malo para el agresor. En este caso, lo que necesitamos es una intrépida compasión que afronte esa situación negativa sin cólera ni miedo, y sí con un corazón compasivo, reconociendo que la otra persona está causando un montón de problemas, para sí mismo y para los demás, y que es preciso pararle los pies.

La resiliencia paciente es en sí misma una fuerza; no es una debilidad. Sentirse molesto y enfadado, y entrar a la pelea, es una debilidad. Tener la habilidad de no sentirse afectado, observar la situación y decidir fríamente la respuesta más adecuada es ser fuerte. Muchas veces, lo más inteligente es decir: «De acuerdo, tú ganas», y seguir tu camino. Deja la carga de tener que tener la razón. Se acabaron los problemas. Ellos son felices, y tú también. Todos somos felices. Y con esto hemos llegado a la estrofa 15.

15. Respetar incluso a nuestros enemigos

Incluso si en medio de una gran reunión
alguien revela mis faltas ocultas con un
lenguaje insultante,
inclinarse ante él respetuosamente,
considerándolo un amigo espiritual, es la
práctica del bodhisattva.

Una vez más, la humillación es la emoción que sentimos cuando alguien no solo nos dice algo desagradable o nos hace una crítica en privado, sino también cuando se exponen nuestras faltas en internet, haciéndolo incluso de forma abierta al público en general. Hay una sensación de increíble humillación que da lugar a un enfado colosal y al deseo de devolver el golpe. Considerad, por ejemplo, el insultante lenguaje que se utiliza en los mítines políticos… ¡Esa es la gente que hace campaña para gobernar el país! Tendrán que tomar decisiones graves que afecten al mundo entero, y ni siquiera son capaces de gobernar su mente. A menudo se muestran tan fuera de control que da miedo. ¿Dónde están los *bodhisattvas*?

Imaginad que, durante una sesión de preguntas y respuestas de las que siguen a una enseñanza dhármica, alguien se levanta y contesta a mis puntos de vista con un lenguaje crítico e insultante, exponiendo además mis defectos ocultos ante todos los presentes. Mientras, yo estoy ahí confortablemente sentada en mi tronito, pero arrastrada por el suelo, como si dijéramos, y apaleada. ¿Qué debo hacer? Puedo defenderme diciendo: «¿Y tú quién eres para hablarme de ese modo? ¡Cómo te atreves a desafiar mi autoridad!». O, como Thogme Sangpo sabiamente recomienda, puedo inclinarme respetuosamente considerando a esa persona como un amigo espiritual. ¿Por qué? Porque cualquiera que nos revela nuestros defectos escondidos es un gran amigo. Y si lo hace con un lenguaje insultante en medio de una numerosa reunión, más aún, ya que da a mi ego la oportunidad de subirse a su alto caballo y lanzarse contra la persona con la espada desenvainada por atreverse a revelar al mundo mi verdadera naturaleza –es decir, mi falsa naturaleza– y mis defectos ocultos. Porque esta es la última humillación y revela al ego en toda su radiante gloria. De manera que aparece totalmente al desnudo. ¡Ego descubierto!

En cierta ocasión, una amiga me invitó a ir a su casa para traducir un texto tibetano. Un tiempo después se descubrió que había desaparecido una joya que estaba en la habitación donde yo me había alojado. Días más tarde, vino a mi casa acompañada de otra amiga que decía ser vidente, y que afirmaba haber tenido una visión en la que yo era la ladrona. Fue algo interesante, y me dejó en estado de *shock*: ¡¿Yo?! El sentido del ego quedó al desnudo. Si alguien nos acusa de algo, ya sea verdad o no, se produce una sensación de vulnerabilidad. Los lamas dicen que a veces, a causa de un estado de *shock*, se puede acceder a una clara visión de la naturaleza de la mente, ya que en ese momento el pensamiento conceptual colapsa. Por desgracia, yo no vi la naturaleza de la mente, lo que sí vi fue la naturaleza del ego.

Por tanto, si alguien se pone en pie y nos insulta y expone nuestros defectos ocultos, ya sean ciertos o no, entonces debemos darle las gracias desde el fondo de nuestro corazón. Es importante tener localizados nuestros defectos. Vemos algunos, pero hay otros que permanecen ocultos y, hasta que sucede algo que los deja al descubierto, ni siquiera sabemos que existen. En vez de estar a la defensiva y molestos. deberíamos ser agradecidos y, como ya se ha dicho, reconocer a nuestros acusadores como amigos espirituales. Dilgo Khyentse Rinpoche nos recuerda que, si queremos ser verdaderos seguidores del Buda, nunca debemos tomar represalias cuando somos atacados. Y nos sugiere que no olvidemos los cuatro principios del adiestramiento positivo, que son:

> Si alguien os maltrata, no lo maltratéis de vuelta; si alguien se enfada con vosotros, no os enfadéis con él o ella a continuación; si alguien denuncia vuestros defectos ocultos, no contestéis denunciando los suyos; si alguien os golpea, no le deis una paliza en venganza.[31]

16. Responder con amabilidad cuando somos perjudicados

*Incluso si alguien a quien he cuidado amo-
rosamente como a un hijo propio
me trata como a un enemigo,
quererle más aún,
como una madre quiere a un hijo enfermo,
es la práctica del* bodhisattva.

Una de las cosas más difíciles de digerir es cuando alguien a quien hemos ayudado y hecho favores nos retira su afecto y nos trata como si fuéramos un enemigo. Por ejemplo, los padres que han hecho tanto por sus hijos –los han criado amorosamente y les han dado una educación–, y cuando estos llegan a la edad del pavo se vuelven contra los padres, culpándoles de todos sus males y no mostrando ninguna gratitud en absoluto. En ese momento, los padres sienten un doble dolor: primero, la preocupación por lo que el hijo pueda hacer, y después la herida por su conducta con ellos.

Esta situación a menudo se repite entre hermanos. Muchos

hermanos y hermanas acaban yendo a juicio, habitualmente por disputas de herencias familiares. Como en el caso que antes he mencionado, en que el padre murió y hubo una pelea para ver quién se quedaba con qué. Muy a menudo, estos hermanos acaban siendo enemigos, a pesar de que en la infancia tal vez se quisieron mucho y se cuidaron uno al otro. Otro ejemplo frecuente es el de amigos que montan juntos un negocio partiendo de la mutua confianza, y al cabo uno de ellos usurpa fondos de la empresa o lleva a cabo algún acto igualmente desleal y dañino.

Mi madre era dueña de una pescadería que le había dejado mi difunto padre y trabajaba allí, pero el encargado de las compras y las ventas era mi tío, el hermano de mi padre. De vez en cuando, mi madre comentaba que el negocio iba bien, pero que parecía que nos dejaba pocos beneficios. Un día mi tío se puso enfermo y mi madre tuvo que ocuparse de ir a lonja del pescado a hacer las compras. Allí se negaron a venderle pescado, porque según le dijeron las deudas de nuestra tienda ascendían a ¡dos mil libras! Era una gran cantidad de dinero en aquellos tiempos. Descubrió que mi tío era un jugador empedernido y que había dilapidado nuestro dinero en las apuestas de las carreras de caballos. En vez de obtener una buena ganancia, lo que en realidad habíamos hecho era estar de deudas hasta las cejas. Mi madre había confiado en él implícitamente debido a que era su cuñado, y durante todos esos años nos había estado engañando y tasándonos el dinero. Pero la única respuesta de mi madre fue sentir pena por él y por su mujer. Finalmente, él se retiró del negocio y buscó trabajo en otro lugar para pagar las deudas.

Aparte de esto, mi madre no hizo nada más. No lo denunció, ni se dedicó a hablar mal de él por ahí. Sencillamente aceptó que era triste que tuviera esa adicción al juego, y que debería tratar de curarse de ello. Nunca habló mucho del asunto y no albergó rencor en su corazón. Y siguió adelante con su vida. Dilgo Khyentse Rinpoche sugiere:

> Encontrar a alguien que realmente te hiere es haber encontrado un valioso tesoro. Ten a esa persona en alta estima, y haz uso completo de la oportunidad para erradicar tus defectos y progresar en el camino. Si todavía no eres capaz de sentir amor y compasión por aquellos que te tratan mal, esto es un signo de que tu mente aún no se ha transformado por completo, y que necesitas seguir trabajando en ello con renovada aplicación.[32]

Por supuesto que mi madre no sabía nada de todo esto de tratar a mi tío como si fuera un valiosísimo tesoro, pero lo cierto es que no se convirtió para ella en una pesada carga de resentimiento y odio instalada en el centro de su corazón. Se limitó a sentir pena por él, y esta muestra de compasión transformó toda la situación.

Esta práctica tiene gran utilidad. Si un niño vomita y está de mal humor porque está enfermo, la madre no lo odia por ello. De hecho, lo cuida más todavía, porque ve que está sufriendo.

De la misma forma, si alguien nos trata mal, aunque sea una persona con la que nosotros hemos sido cariñosos, de alguna manera es porque está enferma. Una persona internamente equilibrada y con buena salud no se comporta así, de manera que es obvio que tiene problemas y que esa es su forma de reaccionar. En vez de sentirnos molestos y enfadados, podemos tratarla como una madre trata a su hijo enfermo, mostrándole incluso mayor simpatía y comprensión.

La estrofa siguiente de *Las ocho estrofas del adiestramiento mental* sugiere que si alguien a quien hemos tratado bien nos trata mal a cambio, nuestra compasión no debe ser menor de la que sentimos por otra persona a la que amamos y que necesita nuestra ayuda:

> Incluso si alguien a quien he ayudado
> y en quien he depositado mi confianza
> me causa grandes perjuicios,
> que pueda yo verlo como un excelente amigo espiritual.[33]

Incluso si alguien en quien confiamos, y a quien en el pasado hemos prestado ayuda, nos traiciona y trata de perjudicarnos mediante sus palabras o sus actos, en vez de sentirnos molestos y autocompadecernos, o tratar de vengarnos, deberíamos verlo como nuestro más valioso amigo espiritual. ¿Por qué? Porque nos está enseñando la más difícil de todas las cualidades: la resiliencia paciente, la contención, que es uno de los *paramitas*, o virtudes perfectas, necesarios en el camino del *bodhisattva* hacia el despertar, la budeidad.

Es imprescindible que practiquemos la tolerancia y la resiliencia paciente, y no podemos hacerlo a menos que algo o alguien nos resulte realmente molesto. Cuando alguien de quien nos hemos estado preocupando nos da la espalda y nos ofende, y eso nos hiere y nos hace sentirnos mal, en lugar de buscar venganza o sentirnos llenos de confusa autocompasión, podemos pensar: «Bien, gracias, eres muy amable. Te has comportado de forma despreciable, y te estoy muy agradecido. Sin ti, ¿cómo podría estar practicando la más importante de las virtudes? Así que, de verdad, eres una especie de maestro para mí. Eres el espejo en el que puedo ver mis defectos, porque las cosas que dices no me gustan, y me siento molesto y enfadado. El problema no eres tú. Aquí, el problema soy yo. Estoy aprendiendo cómo cultivar la bondad amorosa, la compasión y la paciencia frente a tus ofensas y tus acciones hirientes».

No se trata de un planteamiento del todo idealista. Los mejores ejemplos de la aplicación de estos principios fueron los propios lamas y maestros tibetanos, los monjes y las monjas que ya mencioné en el capítulo 13, y que fueron encarcelados, interrogados y a menudo torturados de forma horrible, a pesar de no haber hecho nada malo. Cuando finalmente fueron liberados, tras veinte o treinta años de prisión, muchos de ellos, en vez de estar amargados y rotos, aparecieron resplandecientes y rebosantes de amor y compasión. No habían malgastado el tiempo ofendiéndose con sus carceleros, planeando venganzas, o incluso autoculpándose pensando qué mal *karma* les habría llevado a esa situación. Al contrario, utilizaron las circunstancias para cultivar cualidades como el amor, la compasión, la paciencia y la tolerancia que, hasta ese momento, no habían sido para ellos sino objeto de estudio y debate. Estaban agradecidos a sus verdugos por proporcionarles la oportunidad de practicar esas cualidades: «Sin ellos, ¿cómo habríamos aprendido? –decían. Han sido una gran ayuda en el camino».

Son ejemplos de los tiempos que corren, de la vida real, no historias fantásticas. A fin de llevar al camino las circunstancias verdaderamente difíciles y transformarlas, necesitamos condiciones idóneas para practicar.

El tema de todas estas estrofas es no cargarnos de malestar, no infligirnos una doble herida. Almacenar resentimiento en nuestros corazones y vomitarlo una y otra vez, ¿adónde nos lleva? No nos hace más felices, no ayuda ni perjudica a los demás y nos crea un nuevo *karma* negativo. Nos hacemos así lo que solo nuestros peores enemigos podrían desearnos. Mejor practicar la paciencia y la tolerancia, y seguir adelante.

17. Respetar a quienes nos faltan al respeto

> *Incluso si mis iguales o mis inferiores,*
> *a causa del orgullo, me desprecian,*
> *considerarlos respetuosamente como mis*
> *maestros*
> *y ponerlos sobre mi cabeza es la práctica*
> *del* bodhisattva.

De nuevo, esta estrofa está dedicada al ego y el sentimiento de humillación. Si la gente normal, como los amigos, o las personas que de una u otra forma nos prestan servicios o trabajan para nosotros –empleados, taxistas, operarios de la limpieza, camareros, etcétera–, nos dan algún problema o hablan mal de nosotros, entonces en vez de intentar ponerlos en su sitio, los alabaremos. ¿Por qué? Porque nos están mostrando nuestro orgullo, nuestra arrogancia y nuestra rígida mentalidad, y cuánto nos ofendemos cuando se nos trata de una forma que no consideramos apropiada.

Dilgo Khyentse Rinpoche lo explica así:

Considera y respeta a esas personas como si fueran maestros que te muestran el camino de la liberación. Ruega que seas capaz de hacer por ellos tanto bien como te sea posible. Pase lo que pase, ni por un instante desees vengarte de ellos. La capacidad de sobrellevar con paciencia el desdén y las injurias de aquellos que carecen de tu misma educación, tu energía y tus destrezas es algo particularmente admirable. Mantenerte humilde mientras soportas los insultos con paciencia es una manera muy efectiva de contrarrestar tu arraigada tendencia a interesarte solo por tu propia felicidad y tu placer.[34]

A menudo tenemos una actitud que nos hace desear que la gente nos admire y nos trate bien. Cuando se nos trata bien, somos todo sonrisas y amistad. Sin embargo, cuando se nos critica o no se nos muestra el debido respeto, nos enfadamos y juzgamos que es una falta de los demás. Pero, repito, en vez de quedarnos enfadados y abatidos, podemos sentir gratitud y considerar lo afortunados que somos, ya que sin adversarios ¿cómo podríamos recorrer el camino del *bodhisattva*? Podemos pensar: «Gracias. Obviamente, mi buen *karma* te ha traído hasta mí para que yo pueda mejorar sin límites. ¡Qué maravilla! Estoy tan agradecido por que me pongas tantas dificultades, sin embargo, al mismo tiempo siento compasión por tu actitud tan nefasta y espero que a partir de ahora te sientas bien y seas feliz». Podemos pensar así, y hacerlo en serio.

Ayuda también tener a mano el sentido del humor, ya que dispersa con facilidad el enfado y la humillación. Si somos capaces de ver el lado divertido de las cosas, podremos reírnos. El ego odia que se rían de él, se toma muy en serio a sí mismo; así que es interesante practicar el hecho de no tomarnos a nosotros mismos muy en serio cada vez que se presente la ocasión.

Como antídoto, Langri Thangpa sugiere, en *Las ocho estrofas del adiestramiento mental*, que adoptemos este enfoque:

> Siempre que esté en compañía de otras personas,
> que pueda verme a mí mismo como inferior a los demás
> y, desde el fondo de mi corazón,
> valorar a los otros como superiores.[35]

El texto tibetano literalmente dice: «Que pueda verme a mí mismo como inferior a todos los seres, y tener a los demás seres como más elevados que yo». En el Tíbet, en general, la gente tenía una alta autoestima. Incluso las personas más humildes se sentían a gusto en su propia piel. Esa era una de las razones por las que formaban un grupo de refugiados ejemplar cuando partieron del Tíbet hacia el exilio en la India y Nepal. Tras haberlo perdido todo y haber sido testigos de acontecimientos terribles, como ver destruidas su religión y su cultura, y tras meses de fuga, en general no estaban tan traumatizados como deberían haberlo estado. Seguían de buen humor y con buena disposición, optimistas ante el futuro que les esperaba.

Una de las razones para ello era su fe profundamente arraigada. Cuando los tibetanos huyeron, muchos grandes lamas lo hicieron a la vez. Los refugiados tibetanos tenían a sus lamas con ellos, junto con su ilimitada devoción hacia el *Dharma*. Esto los mantuvo fuertes. Y además lo llevaron mejor de lo esperado a causa de su inamovible sentido de confianza en sí mismos. Incluso cuando las circunstancias exteriores eran tan adversas, internamente seguían siendo fuertes.

Este texto, *Las ocho estrofas del adiestramiento mental*, fue escrito por un importante lama que ocupaba una alta posición jerárquica, e iba dirigido a todos los demás abades y respetados monjes. Así, decir «Pueda verme a mí mismo como inferior» era una interesante propuesta para que estos lamas se vieran a sí mismos. Ellos, naturalmente, daban por hecha su posición superior en su sociedad. Por tanto, invitarlos a ocupar el lugar más bajo era bueno para ellos. El texto original tibetano dice: «Siempre que esté en compañía de otras personas, pueda considerarme a mí mismo como la más baja». Aquí vamos a traducirlo por: «Pueda considerarme a mí mismo como inferior a todo el mundo». Creo que esta traducción refleja más fielmente el original.

Existen varias versiones sobre una anécdota ocurrida en una de las reuniones de su santidad el Dalái Lama con eminentes neurocientíficos y psicólogos, en el marco de las conferencias *Mind and Life*. Por lo visto, Su Santidad había estado hablando de cómo, en compañía de los demás, uno se considera a sí mismo inferior. En respuesta a ello, uno de esos eminentes psiquiatras dijo: «Muy bien, ¿y qué pasa con la baja autoestima?». Su Santidad se quedó en blanco y le preguntó a su traductor qué quería decir el psiquiatra. El traductor tuvo que explicarle qué es la «baja autoestima», expresión que no existe en tibetano. Su Santidad se quedó pensativo y, a continuación, dijo: «¡Qué cosa más rara!». El psiquiatra apeló a sus eminentes colegas y preguntó: «¿Alguno de ustedes sufre de baja autoestima y sentimientos de culpa?». Todos levantaron la mano.

Para Su Santidad, esto fue probablemente una revelación, porque los occidentales parece que lo supiéramos todo, y vamos siempre por ahí diciéndole a todo el mundo cómo hay que hacer las cosas. Mostramos una fachada de confianza y creencia total en nosotros mismos. Y solamente cuando nos quitamos la máscara se descubre que debajo lo que hay es baja autoestima, autocrítica interna y sentimiento de fracaso, todo ello enmascarado por el «personaje» de la total seguridad en sí mismo.

Los cuatro *brahma-viharas* (las cuatro virtudes inconmensurables), bondad amorosa, compasión, gozo y ecuanimidad, tradicionalmente se practican enviando estos sentimientos positivos primero a uno mismo, después a las personas que amamos, a continuación a quienes nos son indiferentes, luego a aquellos con quienes tenemos algún problema y, finalmente, a todos los seres vivos en general. El traductor principal del Dalái Lama, Geshe Thupten Jinpa, cuando empezó a dar enseñanzas sobre los *brahma-viharas* en América, descubrió con sorpresa que los americanos no eran capaces de amarse a sí mismos. Tenían una resistencia férrea a proyectar bondad amorosa y compasión sobre sí mismos. Tuvo que darle un giro al tema y explicarlo así: «Empezad con alguien a quien améis. Puede ser vuestra pareja, vuestros hijos, vuestros padres, vuestro perro o vuestro gato, cualquiera a quien améis. Y enviadle bondad amorosa. Imaginad qué maravilloso sería que fueran felices y libres de sufrimiento. A continuación, una vez sintáis ese cálido resplandor en vuestro interior, enviároslo a vosotros mismos».

Si traducimos esta frase literalmente como «la más baja», podemos reaccionar pensando: «Oh, mírame. No tengo remedio, soy un estúpido. Ellos son maravillosos y yo, un inútil». Cuando ya de por sí tenemos una baja autoestima, este tipo de interpretación podría hundirnos en la depresión y la falta de esperanza, que no es lo que se busca. En el budismo, «orgullo» significa creerse superior a los demás, pero también significa creerse inferior. Si pensamos: «Oh, soy el más idiota de los que estamos aquí, no tengo remedio, no hay nada que hacer. Todos los demás son estupendos. Cuando hacemos un retiro, enseguida alcanzan el primer *dhyana*, o al menos el *samadhi*. Soy el único que permanece atrapado en el tráfago de los pensamientos». Esto no es humildad. Es justo el reverso del apego al ego, es la mente dual peleándose consigo misma. El ego se siente feliz de estar deprimido, porque, si estamos deprimidos, especialmente llenos de autocompasión por lo horribles e inútiles y estúpidos que somos, ¿en qué estamos pensando? Yo, yo, yo. ¡Pobrecito de mí! ¡Oh, qué estúpido que soy! ¡Oh, qué inútil! Yo. Y entonces vamos al terapeuta y nos sentamos allí hablando de «yo». Si tenemos una vivencia saludable de nosotros mismos, no necesitamos estar pensando sobre nosotros, pensamos en los demás. Podemos dejar de llevarnos cargados a la espalda.

Por tanto, aquí, si traducimos estos versos por «Siempre que esté en compañía de otras personas, pueda yo considerarme a mí mismo menos importante (que ellos)», se ajusta mejor al objetivo. Cuando nos reunimos con otras personas, las consideramos más importantes e interesantes (que nosotros). Nuestra atención está puesta en ellas y en hacerlas sentirse bien. Nuestra atención no debe estar puesta en qué pensarán de nosotros. No deberíamos estar pensando: «¿Les gustaré? ¿No les gustaré? ¿Estaré dando una buena impresión? ¿Estarán pensando que soy poco interesante?». Bla, bla, bla, bla. Si estamos pensando así, estamos atrapados en el ego, y seremos incapaces de ver o escuchar auténticamente a las otras personas, porque estaremos demasiado ocupados hablándonos a nosotros mismos de nosotros mismos. El asunto esencial sobre nuestra actitud cuando estamos con otras personas es que ellas, sean quienes sean, en ese momento son las personas más importantes del mundo, porque es la gente con la que estamos. Cuando tenemos esta actitud, podemos apartarnos de la mirada convencional y «ver» de verdad a la otra persona; podemos «escuchar».

Esencialmente, esto es lo que está diciendo Langri Thangpa: en compañía de los demás, deja de querer «hacer un buen papel». Esa persona, quienquiera que sea con quien estemos, es la persona más importante en ese momento, porque es de la que nos estamos ocupando ahora. Por eso dice: «Y, desde el fondo de mi corazón, valorar a los otros como superiores».

En otras palabras: todos los seres desean estar bien y ser felices. Nadie quiere sufrir. Podemos albergar extrañas ideas sobre dónde reside nuestra felicidad, pero todos deseamos sentirnos bien en vez de sufrir. Además, como dijo el Buda: «Para todo el mundo, él mismo es el ser más querido». O sea, cada individuo es el centro de su propio universo, hasta el momento en que despierta. Una manera de disolver esta autofascinación, esta preocupación totalitaria por uno mismo, es considerar a los demás como más queribles, más importantes –porque, al igual que nosotros, prefieren ser felices a ser desdichados. ¿Quién no?–. Además, hay tropecientos mil millones de seres y solo un yo. Por el simple peso de los números, los demás son más importantes.

La gente se queja continuamente de no tener tiempo para practicar. ¡Qué sinsentido! Imagina que estás sentado en un avión, en un tren, o parado en un atasco, rodeado de gente. Imagina que les envías a todos ellos, que normalmente no estarán muy felices, dorados rayos luminosos de amor y compasión. Envíales amor. Imagina que, de pronto, sus corazones rebosan de alegría interior. ¿No sería maravilloso? Todos estarían encantados de sentirse alegres. Deséalo para ellos. Imagina que sucede. No es necesario sentarnos en nuestro cojín con las piernas cruzadas, sobre todo si estamos conduciendo. Solo relájate e imagínalo. Tal vez baste con una intencionada sonrisa auténtica desde nuestro corazón. Qué genial si todas esas personas se sintieran bien y felices, libres de sufrimiento y con todos sus problemas resueltos. Felicidad absoluta. El propósito de esto es sencillamente cuidar a todos los seres. Cada ser es lo más importante para él mismo. Acordaos de darles amor y desearles el bien.

Todas las estrofas de ambos, Langri Thangpa y Thogme Sangpo, se ocupan, una y otra vez, de las situaciones que se producen en nuestras relaciones con los demás, hiriéndonos y causándonos dolor. La cuestión es cómo transformar ese dolor y llevarlo a nuestra práctica, y a la vez cultivar las cualidades nobles que estamos tratando de desarrollar. Está muy bien sentarse en el cojín de meditación y recitar: «¡Que todos los seres estén bien y sean felices!». Pero cuando esos seres vienen hacia nosotros con alguna mala historia, de forma maleducada y nos dicen «Tiene usted cuarenta y ocho horas para abandonar el país», como me hicieron a mí en aquellos años en que me encontraba de retiro en la cueva, entonces esos son los seres vivos por los que estoy rogando para que estén bien y sean felices, libres de todo sufrimiento. Esa es la cuestión.

Estas son unas enseñanzas prácticas sobre cómo utilizar las dificultades de la vida sin sentirnos molestos, tensos o vindicativos, y sin enfadarnos con nosotros mismos. Porque cuando realmente emitimos bondad amorosa y compasión, se trata de emociones cordiales que también sanan nuestro propio corazón. Cuando damos bondad amorosa y compasión a los demás, nos las estamos dando a nosotros mismos a la vez. Somos seres vivos y, de hecho, somos el ser vivo que tiene una mayor responsabilidad, por tanto, necesitamos darnos toneladas de bondad amorosa y compasión a nosotros mismos también. Lo cierto es que cuando somos verdaderamente bondadosos y compasivos con nosotros mismos, ello fluye hacia los demás de manera natural; simplemente rebosa de nosotros. La razón por la que nos molestamos y nos enfadamos con tanta facilidad es porque en nuestro interior no estamos en paz y, paradójicamente, desde el momento en que nos criticamos a nosotros mismos, nos ponemos a la defensiva ante las críticas de los demás.

Hemos de trabajar también en desarrollar el corazón para que sea más abierto y espacioso, más pacífico y amoroso, empezando por el punto en el que estemos en el momento presente, para que gradualmente la benevolencia comience a irradiar de forma natural. De lo contrario, si estamos tan tensos como la membrana de un tambor, todo lo que nos toque hará un sonido retumbante. Pero si estamos relajados y blandos por dentro, como cubiertos de algodón, aunque algo nos golpee no hará ningún ruido. Por dentro debemos sentirnos relajados, tranquilos, con humor, a gusto con nosotros mismos, de modo que pase lo que pase fuera no sea difícil de manejar, podamos gestionarlo.

Por descontado que este texto de Thogme muestra el punto de culminación de la conducta natural de un elevado *bodhisattva*. Nosotros no vamos a ser capaces de actuar de forma espontánea de la manera recomendada en estas estrofas cada vez que algo adverso nos suceda, pero será nuestra referencia como programa de entrenamiento. La primera vez que nos sentamos al piano, no estamos preparados para ejecutar una sonata de Beethoven. Empezamos por practicar escalas, y nos equivocamos de nota a cada paso. Puede sonar terrible, pero si persistimos en los ejercicios, al final la música fluirá. Sucede igual con nuestras mentes, cuando surjan ese tipo de situaciones tal vez habrá instantes en que pensemos: «¡Un momento, esta es mi oportunidad!». Por eso lo llamamos adiestramiento mental. Estamos entrenando para dejar de tener inadecuadas respuestas negativas, y en su lugar hacerlo con comprensión y compasión.

Por eso es interesante memorizar algunos de los textos del *lojong*, como *Las ocho estrofas del adiestramiento mental* o *Las treinta y siete estrofas de la práctica del bodhisattva*. Nos vendrá a la mente de forma inmediata algún verso, y nos ayudará a recordar cómo actuar como genuinos practicantes, en vez de hacerlo como personas ordinarias. Estoy segura de que si alguien se levantara en medio de una gran asamblea y se pusiera a insultar a su santidad el Dalái Lama, él se echaría a reír y miraría a esa persona con gran compasión. Su Santidad no se sentiría insultado y molesto, ni comenzaría a despotricar contra el otro. Por supuesto aparecerían enseguida los de seguridad, pero la respuesta espontánea de Su Santidad sería solamente compasión.

Su Santidad a menudo dice que de niño tenía un temperamento muy malo, y que el *lojong* ha sido una de sus principales prácticas. Obviamente ha estado utilizando todos los terribles acontecimientos que han sucedido en su país y a su amado pueblo para desarrollar al máximo la compasión y reducir al mínimo la agresividad, las represalias y la amargura. Indudablemente debe de ver esta vida como un gran programa de entrenamiento, ya que él mismo es incansable. Más aún, nunca abandona su actitud compasiva, y por ello es universalmente respetado. Tenemos delante de nosotros un ejemplo de cómo responder de manera adecuada incluso en las circunstancias más adversas. Puede hacerse.

18. Ser compasivo cuando las cosas se ponen difíciles

Incluso totalmente desamparado y difamado de forma constante por los demás,
afligido por terribles enfermedades y presa de fuerzas malignas,
atraer sobre mí mismo el sufrimiento y las faltas de todos los seres
sin descorazonarme es la práctica del bodhisattva.

Esta estrofa pone el énfasis también sobre hacer *tonglen* para alguien que esté sufriendo, o esté enfermo, o tenga cualquier tipo de problemas. Visualizamos tomar sobre nosotros sus sufrimientos. Sin embargo también podemos hacer la práctica para nosotros mismos, si estamos sufriendo, o enfermos, o somos difamados, o cuando estemos pasando un momento difícil, o nos sintamos del todo desamparados. En vez de desesperarnos, podemos practicar *tonglen* y pensar en todos aquellos seres del mundo que están pasando por lo mismo que nosotros estamos pasando en ese momento. Podemos recitar: «Que todo su sufrimiento madure en mí y queden libres de él. Que todas mis buenas cualidades inherentes, el potencial ilimitado de mi naturaleza de buda, junto a cualquier buen *karma* que pueda yo tener, que todo les pueda llegar a ellos. Que queden libres de sufrimiento, que todo su sufrimiento madure en mí».

De esta forma, y curiosamente, dejamos de sentirnos desesperados del todo y con ánimo suicida. Al contrario, notamos una especie de fortalecimiento interno, y un sentido de propósito en nuestro sufrimiento. Ya no estamos solo pensando «¡Pobre de mí!». Como Dilgo Khyentse Rinpoche sugiere:

> El sufrimiento, de hecho, puede ser beneficioso de muchas formas. Estimula la motivación y, como muchas enseñanzas señalan, sin sufrimiento no hay determinación para liberarse del *samsara*. La tristeza es un antídoto efectivo contra la arrogancia.[36]

Con esta actitud hacia el sufrimiento, estaremos dispuestos a ser el sustituto de los demás seres vivos. Podemos pensar: «¡Ojalá todo su sufrimiento recayera sobre mí, qué feliz me sentiría!», como una madre que se regocija de cargar con el sufrimiento del hijo. Cuando estamos atrapados en el dolor, podemos ensanchar nuestros corazones desde nuestra aflicción personal para reconocer la universalidad de esa particular angustia.

Si hemos perdido a una persona amada, podemos también practicar pensando: «Que la pena de todas aquellas personas que en el mundo han experimentado la pérdida de un cónyuge, un hijo, o un padre, recaiga sobre mí. Tomo sobre mí su sufrimiento. Y que ellos queden libres». Esta puede ser una práctica difícil, pero agranda nuestro corazón cuando reconocemos que se trata de un problema universal. Mucha de la gente que vive ahora mismo en el mundo está teniendo el mismo sufrimiento que yo, ¡qué tristeza! Esto es útil porque nos defiende de quedar atrapados en nuestra propia miseria y no ser capaces de contemplar la de nadie más: «No me importa el sufrimiento de los demás, el mío es el que cuenta».

Esta también es una forma hábil de llevar el sufrimiento al camino. Por supuesto que si estamos sufriendo trataremos de estar mejor, pero, mientras lo conseguimos, podemos utilizar esta práctica como forma de sentirnos conectados con otros seres que padecen lo mismo. No somos el único, de manera que a partir de ahí nace la sincera aspiración que brota de la compasión: «Sería maravilloso si yo pudiera tomar sobre mí todo su sufrimiento, y ellos quedaran libres de él. Me siento feliz de sufrir tanto como pueda, si ayuda a la liberación de los demás». Entonces, este sufrimiento no es sentido como sufrimiento.

El Buda dijo que hay dos tipos de sufrimiento: uno es el dolor físico, que es inevitable para el cuerpo humano, y el otro es el dolor mental, que puede ser evitado. Una forma de hacer esto es abrir nuestros corazones al dolor ajeno, en vez de dejar que nuestra pena nos haga más introvertidos, más autocompasivos. Esta, de nuevo, es una práctica significativa de *lojong* –llevar el sufrimiento al camino y usarlo para desarrollar la compasión y la empatía–. Usualmente, cuando sufrimos, nos quedamos encerrados en las mazmorras de nuestra miseria; y esta práctica abre las puertas y las ventanas, y nos permite ir más allá de nosotros mismos.

19. Reconocer lo que es verdaderamente valioso

Aunque yo sea una persona famosa, admirada por muchos,
y tan rico como el mismo dios de la riqueza,
reconocer que la riqueza y la gloria del mundo carecen de entidad
y estar libre de arrogancia es la práctica del bodhisattva.

Comparada con la mala intención y la insensatez, objeto de las estrofas precedentes, esta estrofa 19 parece un poco más animada. En general, algunas personas saben gestionar las contrariedades y llevar las dificultades al camino, pero tan pronto como las cosas se enderezan, se derrumban espiritualmente. Otras, por supuesto, practican bien cuando las cosas funcionan, pero cuando se tuercen no saben ya qué hacer. Normalmente estamos en un extremo o en el otro, y necesitamos poner equilibrio en nuestras vidas, ya sea cuando los vientos soplen a favor, ya cuando los problemas y los obstáculos hagan acto de presencia para retarnos. Sea lo que sea, estamos aprendiendo a tomar lo que venga, sin esperanza y sin miedo, para usarlo como nuestro camino.

El *samsara* es descrito frecuentemente como un océano, y los océanos tienen grandes olas: a veces estamos en la cresta, a veces en el valle de la ola. Necesitamos desarrollar ecuanimidad interna para que, pase lo pase, podamos mantener la estabilidad interior y ser capaces de ocuparnos de las situaciones de manera hábil, sin dejarnos arrastrar ni por la pena ni por la exaltación.

Tras habernos mostrado cómo tratar con todas las cosas horribles que pueden sucedernos, Thogme Sangpo nos está diciendo ahora que, incluso si todo va bien, si somos famosos y ricos y queridos, aun así no podemos agarrarnos a ello, ya que no nos lo podremos llevar con nosotros. No importa lo ricos que seamos, cuántos amigos tengamos, lo grande que sea nuestra familia, ni los miles de devotos que nos rodeen, a la hora de la muerte habremos de partir solos y con las manos vacías. Dilgo Khyentse Rinpoche lo deja bien claro:

> Un *bodhisattva* ve que la riqueza, la belleza, la influencia, la prosperidad, el linaje familiar –de hecho, todas las preocupaciones ordinarias de esta vida– son tan fugaces como el destello de un relámpago, tan efímeras como una gota de rocío, tan vacías como una burbuja, tan precarias como la piel de una serpiente. El *bodhisattva*, o la *bodhisattva*, nunca se muestran engreídos ni orgullosos, a pesar de los títulos y privilegios que les puedan ser otorgados.[37]

En los tiempos que corren vemos gente que posee grandes fortunas, hasta que un simple error en bolsa les hunde en la bancarrota. Si basamos nuestra felicidad en la riqueza, el éxito y la popularidad, estamos en la cuerda floja, porque todo es impermanente. Podemos verlo hoy en día en los medios de comunicación con la gente que alcanza la popularidad mundial en un instante y al minuto siguiente acaban arrastrados por el lodo. Incluso personas como la Madre Teresa y Gandhi, que gozan de una reputación tan alta, son respetadas únicamente hasta que alguien escribe un injurioso libro acerca de ellas. A mucha gente no le gusta que nadie sea considerado superior a ellos, y disfrutan leyendo libros y artículos que derriban a personajes respetados, y demuestran que todas las personas son igual de malas. Así, ya no hay necesidad de esforzarse en ser mejores.

Si vinculamos nuestra sensación de ser y nuestra felicidad solo a valores externos y a lo que los demás vayan diciendo de nosotros, entonces nos sentiremos siempre inseguros. La naturaleza de todo es el cambio y, como Thogme Sangpo dice, *La riqueza y la gloria del mundo carecen de esencia*. La gente puede andar diciendo de nosotros las cosas más fantásticas, ya sean verdaderas o falsas, pero en realidad eso no altera nada –ni cambia el que somos, ni nos hace más felices–. La gente puede poseer miles de aviones corporativos, ¿y eso les hace más felices? En absoluto. Ni les hace sentirse mejor interiormente. Mucha gente rica y famosa vive bajo una intensa presión, tratando de conservar esa deslumbrante imagen externa. Se sienten aterrorizados por la perspectiva de perder su encumbrada posición y de que aparezca alguien que se la arrebate. Imaginad la tremenda tensión a la que deben de estar siempre sometidas las estrellas del pop y del cine. Una vez se alcanza la cima, ¿cómo va uno a mantenerse ahí? De hecho, es imposible.

Si nuestro sentido de bienestar y felicidad depende de la opinión de los demás y de nuestras posesiones externas, ¡qué triste!, porque eso es lo más alejado de lo que de verdad somos.

Así como no debe perturbarnos que otros vayan diciendo cosas malas sobre nosotros, ya sean verdaderas o falsas, igualmente sus alabanzas y sus proyecciones ficticias no deben afectar al que somos. Si dependemos de las buenas opiniones de los demás, sufriremos, porque son irreales, son como ecos. Por tanto, es importante no solo llevar al camino el dolor y las dificultades, sino también las situaciones favorables. No solo llevamos al camino el dolor, llevemos también el placer; no solo la pérdida, también la ganancia; la alabanza, además del reproche; la fama y la insignificancia. Todo debe ser tomado para hacer uso de ello en el camino.

Normalmente, imaginamos que nuestros problemas se acabarán si evitamos lo desagradable y nos quedamos solo con la parte bonita. Sin embargo, son dos caras de la misma moneda. Si nos inclinamos por una y tratamos de escapar de la otra, quedaremos atrapados en un estado de ser mundano inseguro, porque nunca vamos a tener solo las cosas que queremos dejando aparte las que no deseamos.

La idea es permanecer abierto a todo lo que llega, a la cara de la moneda que caiga. Conseguir estar equilibrados como un barco sobre las olas. Las olas suben y bajan, pero el barco se desliza atravesándolas.

Uno de los problemas de ser famoso, rico, respetado, próspero es que se tiende a aferrarse a esos estados y, a menudo, a sentirse orgulloso. Los ricos multimillonarios pasan el tiempo con otros multimillonarios. No quieren tener trato con la chusma inferior a ellos. Tienen sus *jets* privados, las ventanillas de sus coches están tintadas para que nadie pueda verlos, y sus mansiones están rodeadas de altos muros vigilados por guardianes y perros. Es muy triste, ¿no os parece? Imaginad ser como ellos. En parte es porque tienen miedo, está claro; aunque también es un signo de no sentirse felices y en paz. Dejando de lado a los millonarios, la gente común, que es feliz y se siente a gusto con su montón de amigos que les regalan los oídos, no debería aferrarse a estas cosas, ni consentir que su felicidad dependa solo del placer y la facilidad.

Cuando recibí mi primera ordenación, a la edad de veintiún años, viajé a Tailandia, y una princesa tailandesa me invitó a su propiedad a orillas del mar. Yo había sido ordenada hacía unas pocas semanas y, en ese momento, me encontraba en esa hermosa casa de teca pulida ubicada en medio de un estanque de lotos. Había tres sirvientes preparando deliciosa comida *thai*, y a través de la arboleda de mangos podía entreverse la dorada playa privada a la orilla del mar. Le dije: «Se supone que acabo de renunciar al mundo y aquí estoy, llevando ahora esta vida. Me siento realmente culpable e incómoda con esta situación». Y ella, sabiamente, replicó: «No, no te lo tomes así, tú no lo has buscado, ha venido a ti debido a tu buen *karma*. No va a durar mucho, y quizás después te toque ser pobre y vivir en condiciones difíciles. Cuando las cosas vengan de cara, sé feliz, y cuando los vientos soplen en contra, sé feliz también. Mantén una mente equilibrada».

Erróneamente, nos aferramos a veces a la pobreza tanto

como lo hacemos con la riqueza. Conozco a algunas personas que son bastante ascéticas en su práctica, y si se las invita a un buen restaurante, se sienten incómodas. Solo se encuentran a gusto cuando van a un *dhaba* barato de comida india. El asunto es: si estamos en un buen restaurante, fantástico; si vamos a un viejo y destartalado *dhaba*, genial –¡qué más da!–. Venga lo que venga, acéptalo, y disfruta sin apegarte a ello. Practicar la ecuanimidad hacia todo es lo mejor. Cuando las cosas ruedan suave, estupendo, y cuando hay baches, es OK también.

20. Darle una oportunidad a la paz

Si uno no conquista su propio odio,
cuanto más lucha contra los enemigos ex-
ternos, más crecen.
Por tanto, con los ejércitos de la bondad
amorosa y la compasión,
vencer a la propia mente es la práctica del
bodhisattva.

Thogme nos ha estado diciendo que si nos encolerizamos con la gente que nos crea problemas y tomamos venganza, será como echar petróleo al fuego: solo lo hará crecer más y más. Como el Buda dijo: el odio nunca es vencido por el odio; el odio es vencido por el no odio o el amor. Cuanto más contraatacamos, más crecen los problemas, como vemos en la política. La dinámica de la agresión no cesa hasta que consentimos en aparcar las diferencias. Somos todos seres humanos que comparten el mismo planeta. Tratemos al menos de hacer de él una buena casa para vivir juntos.

Los miembros de una misma familia que se pelean entre sí a todas horas tendrán una vida miserable, aunque la casa sea lujosa. Y al contrario, si la familia habita en una choza, pero sus miembros viven en armonía y con amor, entonces habrá felicidad. Lo mismo sucede con este hermoso planeta que habitamos. Si estamos permanentemente en conflicto entre nosotros, encendidos por los celos, la codicia, la agresividad, entonces, aunque podría ser una Tierra Pura, continuará siendo el *samsara*. El planeta no es el *samsara*. Es la mente de los seres que lo habitan la que crea el *samsara*, o el *nirvana*.

Si entráramos en el *nirvana*, no desapareceríamos de repente. Continuaríamos viviendo en este mismo planeta, pero todo se transformaría por la transformación de la mente. Es un asunto que depende de la mente. Todo depende de la mente. Si no nos ocupamos de nuestros extravíos mentales, nada podrá evolucionar nunca en este planeta. A pesar de que la gente cada vez sea más consciente de cómo estamos destruyendo nuestro propio hogar, la degeneración continuará, sin importar cuántas leyes se hagan o que sigan formándose grupos medioambientales.

¿Por qué estamos destruyendo nuestro planeta? La respuesta es que el odio, la codicia y la falsedad están totalmente fuera de control, espoleadas por nuestra sociedad de consumo. Nuestros sistemas educativos, los medios de comunicación social y los gobiernos están controlados, o al menos poderosamente influidos, por las rapaces corporaciones multinacionales. El planeta, sencillamente, ya no puede sostener esto.

Sin embargo, todo esto, originado por una mente descontrolada, se sigue propagando a causa de la avaricia, la furia, la envidia y la confusión. ¡Demasiadas negatividades mentales! Además, está la arrogancia humana, que piensa que puede hacer lo que desee con las demás especies, ya que la suya es la especie superior, lo que le permite suprimir a las demás y arrebatar sus recursos para sí misma. Esto lleva sucediendo a lo largo de toda la historia, pero parece que no aprendamos nunca.

¿De dónde, más allá de las palabras, vienen las guerras, las agresiones de las empresas capitalistas y la codicia? Todo viene de la mente sin control que domina nuestro pensamiento, nuestra habla y nuestros actos. Si multiplicamos esto por siete mil millones, ya podemos ver dónde radica el problema. No podemos echar toda la culpa a los políticos, hemos de mirar más cerca. Desde una perspectiva de conjunto, poco a poco nos vamos acercando más y más; miremos en los centros de *dharma*, dentro de las familias, en las relaciones de pareja, y volveremos a encontrar lo mismo: avidez, cólera e ignorancia. Sobre todo la ignorancia de creer que nuestras ideas son la verdad: «Lo que yo pienso tiene que ser la verdad, porque es lo que yo pienso».

Cuando Thogme Tsangpo dice *Si uno no conquista su propio odio, cuanto más lucha contra los enemigos externos, más crecen*, está hablando acerca de la ira. Cuando hay ira en nuestro corazón, peleamos con el primero que se pone delante, y luego con el siguiente, y a continuación conseguimos irritarnos y reñir con alguien más. Y la cosa continúa de esta forma en un ciclo sin fin. Siempre encontramos algo de lo que podamos quejarnos, y siempre es la falta de otro. Todos conocemos a personas con mentes airadas que se tienen a sí mismas por irreprochables y a los demás por gente difícil y problemática.

No ven que esto pudo ser verdad en una o dos ocasiones, pero que su historial de relaciones conflictivas indica que el problema no está fuera, sino dentro de ellas mismas. ¿Cómo podemos haber acabado con tantos enemigos cuando empezamos con tantos amigos? De ahí se sigue que cuanto más se pelea con los enemigos externos, más crecen. Como Dilgo Khyentse Rinpoche explica:

> Una vez superado el odio en tu propia mente, descubrirás que ya no hay en el mundo exterior ni una sola cosa a la que puedas llamar enemigo. Pero si sigues dando rienda suelta a tus sentimientos de odio y tratas de someter a tus adversarios, descubrirás que, sin importar a cuántos hayas conseguido derrotar, siempre aparecerán otros que ocupen su lugar. Incluso aunque llegaras a subyugar a todos los seres del universo, tu ira solo conseguiría hacerse más fuerte. Nunca serás capaz de dominarla dándole vía libre. El odio mismo es el verdadero enemigo, y no se le puede permitir existir. La forma de dominarlo es meditar de forma concentrada en la paciencia y el amor. Cuando el amor y la compasión arraiguen en tu ser, ya no habrá enemigos externos.[38]

Para contener este ciclo inacabable de odio que crea más y más enemigos, Thogme Sangpo sugiere reclutar a la bondad amorosa y la compasión:

> *Por tanto, con los ejércitos de la bondad amorosa y la compasión,*
> *vencer a la propia mente es la práctica del* bodhisattva.[39]

Para reunir estos ejércitos de la bondad amorosa y la compasión empezaremos por hacernos amigos de nosotros mismos. Como el Buda recomendó, la bondad amorosa y la compasión deben ser enviadas en primer lugar a nosotros mismos. Gran parte de la ira que proyectamos sobre los demás viene de nuestra ira inicial hacia nosotros mismos. Así que primero hemos de cultivar la paz en nuestro interior, perdonarnos y reconocer que, a pesar de todos nuestros defectos y problemas, somos buenos en esencia. Tenemos la naturaleza de buda, de modo que definitivamente podemos mejorar, y debemos amistarnos con nosotros mismos.

Si queremos domar un caballo salvaje, primero tenemos que hacernos sus amigos. También podríamos someterlo a base de golpes, y el caballo, aunque acabara odiándonos, obedecería, como muchas de esas pobres mulas que vemos llevando pesadas cargas. ¿Pero quién quiere tener una mente como un jamelgo apaleado? Una manera más hábil es hacerse amigo del caballo salvaje, darle tiempo para que se vaya tranquilizando y se dé cuenta de que no se le va a hacer daño, que incluso podría llegar a tener una provechosa y divertida relación. Así, el caballo, de forma gradual, comenzará a calmarse y será paulatinamente más accesible. Una vez confíe en nosotros, podemos empezar con el adiestramiento.

Todo este énfasis en cómo relacionarnos con los demás se basa en la idea de que, previamente, hemos pacificado nuestra propia mente y nos hemos hecho amigos de ella, la cual confía en que estamos en un buen camino que nos va a beneficiar. Aunque el budismo se preocupa por superar el ego y atisbar más allá de su visión errónea, no podemos hacerlo golpeándolo hasta la muerte. Simplemente, no funciona. Algunas tradiciones religiosas sí lo hacen, pero el resultado es un ego amargado, infeliz y negativo, que no ha muerto a palos. Disolvemos el ego mirando a través de él, y esto se consigue cultivando una práctica introspectiva.

Para cultivar una práctica introspectiva, primero tenemos que domar la mente. Esto quiere decir que nuestra mente debe confiar y «desear» cooperar. Dicho de otra forma, lo primero es que el ego tiene que estar dispuesto a cooperar. Nuestro problema, a menudo, es que nuestras aspiraciones van por un lado, pero nuestros deseos egoístas van por otro. Por ejemplo, cuando abrimos los ojos por la mañana y recordamos que ya es el momento de levantarse y ponerse a meditar, podemos pensar «¡Oh, qué bien, voy a meditar!». Y no hay una batalla interna entre nuestras aspiraciones más elevadas, «Es la hora de meditar», y el pensamiento egoico, «¡No, no me apetece, es el momento de darse la vuelta y dormir un poco más!». Las aspiraciones y el ego tienen que trabajar juntos.

Honestamente, esto no se dice en los textos budistas, pero lo cierto es que cuando el ego va siendo domado y empieza a cooperar, demostrando entusiasmo por el camino, es un gran paso adelante. Por esto el Buda dijo que lo primero es darse bondad amorosa y compasión a uno mismo. Al inicio, calmamos la mente, y el ego empieza a confiar en el camino, a pesar de que el objetivo final de ese camino es la muerte del propio ego. Paradójicamente, el ego ayuda en su propia aniquilación, porque algo en nuestro interior sabe que ello nos dará acceso a algo mucho más grande de lo que el mero ego es capaz de imaginar.

Sin embargo, si nos pasamos el tiempo peleando con el ego, vamos a tener muchos problemas. Necesitamos tener todos los niveles de nuestra mente cooperando de manera voluntaria. Esto es importante. A veces parece que el budismo no para de atacar al ego, pero, en el nivel relativo y conceptual en el que estamos empezando a practicar, tenemos que tomar todo lo que somos y llevarlo al camino. Y eso incluye nuestro sentido de «yo», que va a permanecer con nosotros hasta que alcancemos el octavo *bhumi** del nivel espiritual. Los textos que estamos viendo, que tratan de la transformación de los estados negativos en positivos, no hablan de la naturaleza última de la mente, que es invariable. Nuestra consciencia pura es esencialmente compasiva y sabia y no necesita ser transformada. Lo que Thogme Sangpo está debatiendo es el nivel relativo y egocentrista de la mente, en el que vivimos la mayoría, salvo que seamos realmente *bodhisattvas* de un elevado nivel.

Esta enseñanza consiste en aceptar el que somos en este momento y, en vez de convertirlo en un obstáculo, reconocer que se trata de nuestra gran oportunidad para progresar en el camino. Si tenemos que empezar con nuestro sentido de nosotros mismos, al menos tratemos de estar contentos, ser solidarios, amables, sensibles, seres compasivos capaces de hacer el camino hasta el punto donde la ilusión se disuelva del todo

* La palabra *bhumi* (del sánscrito) describe, en la tradición budista, los llamados «niveles de absorción meditativa», asociados a niveles cada vez más profundos de conocimiento. Para saber más sobre esto, léase el *sutra* 26 del *Majjhima Nikaya. Los sermones medios del Buda*. En este *sutra*, el Buda en persona relata su experiencia espiritual, y acaba describiendo los diez niveles de absorción y conocimiento espiritual experimentados por él mismo. *(N. del T.)*.

en algo mucho más vasto. Y, a la vez, es importante reconocer que estamos en el nivel convencional o relativo, que es ahí exactamente donde nos encontramos en este momento. Ya que no podemos decir sobre nuestro sentido de nosotros mismos, nuestro sentido del yo: «OK, no creo en ti. En este libro se afirma que el ego es pura ilusión y que su naturaleza es vacía; así que, desde este mismo momento, no voy a ser sino consciencia vacía». Si pudiéramos hacerlo sería magnífico, pero no funciona así. Debemos empezar desde el punto en el que nos hallamos y con lo que tenemos, y utilizarlo para el camino, y entonces no hay problema.

Pero no penséis que estas enseñanzas son prácticas iniciales solo para la gente común, y no para los *bodhisattvas* de nivel elevado. Justo antes de morir, mi gurú Khamtrul Rinpoche, reunió a sus *togden*, sus yoguis, y les dijo: «Hay una enseñanza que debo daros, pues ya estáis preparados para ello. Volved mañana y recibiréis esa enseñanza especial». Por supuesto, los yoguis se pusieron todos a especular sobre qué enseñanza podría ser, porque, siendo yoguis avanzados, lo habían recibido ya casi todo. ¿Tal vez algún texto secreto de *dzogchen*? Algo así debía de ser. Y al día siguiente acudieron a ver a Rinpoche, y lo que les enseñó fue *El adiestramiento mental en siete puntos*, un famoso texto de *lojong* que trata sobre llevar las dificultades y los obstáculos al camino, y transformar la mente a base de dar respuestas más hábiles. Para Khamtrul Rinpoche, el mensaje quintaesencial del *Dharma* era un texto de *lojong*, no un texto *dzogchen*, ni «los seis yogas de Naropa». Esa fue la última enseñanza que impartió en Tashi Jong (su monasterio) antes de morir.

Una vez que reconocemos la naturaleza de la mente, entonces ya podemos reposar en esa consciencia natural; pero hasta que llegamos a ser *bodhisattvas* de nivel elevado, seguimos ocupados gestionando el nivel relativo de nuestra mente. Pasan cosas a cada momento, y debemos saber cómo desarrollar la habilidad para llevarlo todo al camino. Tiene sentido hacerse amigo del ego de manera amable para conseguir que coopere. A partir de ahí, nuestra forma de pensar se transforma desde el autoaferramiento codicioso y obsesivo hasta una espaciosa consciencia abierta que pone a los demás por delante de uno mismo. La felicidad de los demás es mucho más importante que la nuestra, ya que nosotros solo somos uno entre todo el mundo. Podemos disfrutar de la felicidad de los demás, que nos produce mucha más felicidad que disfrutar solamente de la nuestra propia.

En vez de enfadarnos, cultivamos la bondad amorosa y la compasión, empezando por nosotros mismos. Si nuestro corazón se siente feliz y en paz, lo que hagan los demás no nos preocupará mucho. Es la ira que llevamos dentro y no controlamos la que convierte a las demás personas en enemigos. Cuando nos damos bondad amorosa y compasión a nosotros mismos, se extiende de forma natural a los demás.

Tradicionalmente, pensamos para nosotros mismos: «¡Que pueda yo estar bien y ser feliz. Que esté yo libre del sufrimiento. Que me sienta en paz y en calma!». Recitamos cualquier frase que lo exprese, y nos visualizamos enviándonos pensamientos de amor, tal vez en forma de luz. Cuando pensáis «¡Que sea yo feliz!», os estáis enviando bondad amorosa; y cuando pensáis «¡Que esté yo libre del sufrimiento!», estáis enviándoos compasión. Incluso aunque al principio esto pueda parecer artificial y forzado, gradualmente comenzamos a sentir una especie de calma y calor interior. Tenemos que perdonarnos. Todos hemos cometido errores y hecho tonterías. ¿Y qué? Somos seres humanos. Si fuéramos perfectos, no necesitaríamos un camino, ya habríamos llegado. Es precisamente porque tenemos problemas, porque hemos cometido errores, porque hemos hecho tonterías, por lo que necesitamos un camino. Así que, en tanto que podamos aceptarnos a nosotros mismos, podremos conectar con los demás y perdonarlos. Podemos empezar por ser un poco más amistosos y tolerantes con nosotros mismos, y eso nos ayudará a ser más amistosos y tolerantes con los demás.

Para empezar, nos sentamos, aquietamos la superficie de la mente y nos enviamos a nosotros mismos pensamientos de amor. A continuación se los enviamos a alguien que nos sea muy querido, deseando que pueda estar bien y ser feliz, e imaginando que está bien, que es feliz y que está libre de sufrimiento. Esta es la parte más fácil: desear felicidad a personas (o animales) que realmente nos importan.

A continuación, extendemos este buen deseo a cualquiera que nos sea indiferente, por quien no sintamos ninguna preocupación –por ejemplo, el cartero, a quien vemos todos los días, pero ni siquiera pensamos en él–. Ahora imaginamos que deseamos de verdad que sea feliz y libre de sufrimiento. Todo el mundo en el fondo de su corazón desea sentirse bien y no sufrir. Como el Buda dijo: «Para todo el mundo, él mismo es el ser más querido». Deseamos esto para esa persona, imaginamos que es feliz, imaginamos que todos sus problemas se solucionan, y lo vemos libre de sufrimiento –sus hijos van a una buena universidad y están felizmente casados, y sus cónyuges gozan de buena salud–. Todo es bonito; todas sus preocupaciones y problemas se resuelven, y solo siente felicidad. Imaginadlo.

Después visualizamos a alguien que no nos guste, o con quien tengamos dificultades. Pensad en esa persona y daos cuenta de que si alguien va creando problemas a los demás, es porque no está en paz consigo mismo. Deseadle el bien y la felicidad, imaginad que todo lo que anhela le es concedido, y todas sus preocupaciones y miedos, todos sus problemas se desvanecen. Simplemente es feliz. Sentíos felices por esa persona.

Entonces, paulatinamente, extended ese sentimiento de buena voluntad hacia el mundo entero, pensando en todos los seres que existen –no solo los seres humanos, sino también los animales, los insectos, los pájaros, los peces, todos los seres que habitan este planeta–, y a continuación en todos los que habitan los demás reinos que ni siquiera podemos ver. Imaginad que todos esos seres finalmente experimentan que sus miedos y sus preocupaciones se desvanecen, y son reemplazados por una gran felicidad, gozo y satisfacción. ¡Que así sea!

Es una poderosa meditación que nos viene desde los tiempos del Buda. Por ejemplo, en Tailandia muchos meditadores practican en las junglas, donde hay serpientes venenosas, tigres y otros animales salvajes, y esos monjes errantes ni siquiera se guarecen en una choza, tal vez tengan una tienda unipersonal hecha de tela mosquitera, y a veces ni siquiera eso. Pero, durante años, los animales nunca los han atacado. Otra gente, como los aldeanos, entran en la jungla y son agredidos por las serpientes o los tigres; es lo normal. Sin embargo, los monjes están a salvo porque practican la meditación de la bondad compasiva, y los animales pueden sentirlo. Normalmente, esos animales solo atacan a las personas si se sienten ellos mismos en peligro, y saben que esos seres que están ahí sentados no les van a dañar. Dado que los monjes practican la no violencia, los animales salvajes se comportan de forma pacífica en su presencia. Hay muchas historias de monjes que salen de su estado meditativo y se encuentran cara a cara con una cobra o un tigre sentado a su lado, contemplándolos tranquilamente.

En general, si no somos agresivos con los demás, ellos tampoco suelen atacarnos. Cuando yo vivía en las montañas de Lahaul, había por allí una manada de lobos con aspecto de corpulentos pastores alemanes de ojos amarillos. A veces, cuando me sentaba fuera, se me acercaban con una actitud de curiosidad amistosa. Se sentaban cerca y me miraban, yo los miraba, y ni ellos ni yo nos sentíamos en peligro. Por la noche podían juntarse bajo mi cueva y aullar. Es hermoso el aullido de los lobos.

Dado que hay demasiada energía negativa en el mundo, es bueno enviar energía positiva tan a menudo como podamos. Tal vez cuando vamos sentados en el avión o en el tren podemos hacer la meditación de la bondad amorosa, o la de *tonglen*. No es necesario cambiar de postura; lo único que hay que hacer es enviar nuestros pensamientos de bondad amorosa. Imaginad una hermosa luz que irradia hasta llenar el compartimento (del tren o del avión) y que va siendo absorbida por los cuerpos de cada uno de los pasajeros, desalojando su sufrimiento y sustituyéndolo por luz, amor y felicidad.

21. Abandonar la codicia

*Los placeres de los sentidos y las cosas deseables son como el agua salada,
cuanto más se los prueba, más sed producen.
Abandonar lo antes posible
todos los objetos que producen apego es la práctica del* bodhisattva.

El Buda mismo dijo que la avidez es como el agua salada, cuanta más bebemos, más sed tenemos. Incluso si nos bebiéramos el océano entero, todavía tendríamos sed. Lo mismo vale para nuestra moderna sociedad de consumo. La gente ahora tiene muchísimo más de lo que podría haber imaginado hace solo cincuenta años, y aun así no se siente satisfecha. Hay una avaricia sin límites. ¿Y para qué? El asunto es que, tras un tiempo, todo resulta contraproducente. Nuestro primer coche es algo apasionante, y el segundo ya es menos interesante; con el tiempo conseguimos tener cinco, o seis, qué más da; lo que ahora nos preocupa es dónde poder aparcarlos. Aunque cuanto más se prueba más aumenta el apetito, y los rendimientos de este deseo son menguantes. Estamos siempre esperando recuperar la sensación de satisfacción que teníamos al principio. Hubo un momento de auténtico placer que luego desapareció. Como el helado, que es delicioso al empezar, pero si continuamos comiendo el envase entero, acabamos sintiéndonos enfermos.

Tras el momento inicial de placer, el sentimiento de satisfacción mengua, e intentamos probar otra cosa distinta, y luego otra cosa… y siempre necesitamos algo más. Es como la pornografía, que es crecientemente explícita, grosera y violenta, con el fin de ayudar a sus consumidores a recuperar el temblor de la excitación y el placer iniciales. Y tiene que seguir aumentando así en una escalada esclavizadora. Hasta convertirse en una obsesión, una adicción; lo cual es bien triste.

A veces la avidez parece inocua, comparada con el odio y los celos. En todas partes, la gente pregunta siempre cómo deshacerse de la ira, pero pocos preguntan cómo superar la avidez, porque esta parece inofensiva y hasta placentera. La ira, por otra parte, no produce verdadero disfrute, y la gente violenta es impopular. Ser «goloso» y apegado se ve como natural, como el camino a la felicidad. Pero la raíz de *duhkha*, del sufrimiento, no es la ira. La raíz del sufrimiento es el aferramiento, el apego.

Cuando yo vivía en Lahaul, a la puerta de mi cueva había una superficie llana, similar a un pequeño patio de tierra apisonada, que se convertía en un barrizal cada vez que nevaba o llovía. Decidí reunir muchas piedras planas para pavimentar el suelo y que dejara de hacerse barro. En ese patio de tierra dura crecían pequeños macizos de pálidas flores rosadas de estambres amarillos. Eran muy hermosas, pero a pesar de ello decidí que era mejor arrancar esos macizos para que las piedras se asentaran bien. Primero intenté arrancarlos de tirón, pero no salían, porque sus raíces eran muy profundas; de manera que comencé a cavar para llegar a la raíz primaria. Cavé y cavé hasta que me di cuenta, después de varios días de trabajo, de que todos esos ínfimos macizos de flores estaban conectados bajo tierra a un sistema de raíces que se extendía a lo largo y a lo ancho, profundamente, en todas las direcciones. Sin embargo, en la superficie todo lo que yo podía ver eran esas encantadoras florecillas.

En aquel momento pensé que eran como la avidez o el deseo. Parece muy inocente en la superficie, pero en su psique subterránea tiene profundas y fuertes raíces que atraviesan todos los niveles de nuestra consciencia. Debido a que se encuentra «bajo tierra», enterrada en el subconsciente, o almacenada en el inconsciente, no la reconocemos. Y esa es la razón por la que es tan difícil arrancarla de raíz. De la ira es relativamente fácil ocuparse, ya que no nos gusta y, por tanto, nos resulta grato trabajar en suprimirla. Pero la avidez es difícil de arrancar de raíz porque estamos apegados al apego.

Mucha gente no comprende lo que significa transformar el apego en amor genuino. Arrancar de raíz el apego no quiere decir que dejemos de amar; quiere decir que nuestro amor se purifica, porque deja de estar atado al apego. La mayor parte de lo que tomamos por amor no es sino sujeción y aferramiento; y es esta mente aferradora la que nos causa sufrimiento. Ese aferramiento que está hondamente incrustado en nuestra psique.

Esto no quiere decir que tengamos que abandonarlo todo, o renunciar a las cosas externas que amamos; pero sí podemos renunciar a ellas interiormente. Dicho de otra forma, podemos tener posesiones, y apreciarlas y disfrutar de ellas, pero si las perdemos, no le damos mucha importancia, podemos dejarlas ir. El test para saber en qué medida sufrimos de apego es cómo nos sentimos cuando perdemos algo o a alguien que amamos. ¿Nos aferramos a ello con ambas manos, o permitimos que se vaya? Internamente debemos ser capaces de dejar marchar. Solo cuando seguimos aferrados con fuerza, tenemos un problema. Y de verdad que en la rueda de la vida y de la muerte no hay cadenas, no hay cuerdas que nos aten a nada ni a nadie.

Se cuenta una historia sobre una técnica para atrapar monos en Indonesia –que no sé si será cierta o no–. Atado a un árbol se pone un coco con un agujero del tamaño justo para que el mono pueda introducir su mano. En el interior se mete un poco de coco endulzado. El mono aparece, olfatea el coco, mete la mano y agarra el dulce de coco. Ahora tiene la mano cerrada y el agujero es demasiado pequeño para que pueda sacar el puño. Llega el cazador y el mono está muerto de miedo, pero en su mente el deseo sobrepasa el miedo y no le deja irse. El mono quiere escapar desesperadamente, aunque también quiere quedarse con el dulce de coco. Está atrapado. Ese es también nuestro dilema, ¿no es cierto? En efecto, queremos a toda costa ser libres, pero queremos hacerlo llevándonoslo todo.

Abandonar los objetos que excitan el apego no quiere decir que tengamos que renunciar necesariamente a todo, quiere decir que debemos considerar con cuidado a qué objetos estamos de verdad apegados. No hay nada malo en apreciar algo y disfrutar de ello. Y lo mismo con las personas, amarlas y cuidar de ellas lo mejor que uno sepa tratando de hacerlas felices no es el problema. El problema es el apego; la idea de que ya eres mía.

La forma más fácil de hacerlo es desprenderse de todo, como hizo el mismo Buda. Dejamos nuestras casas y nuestras familias, y nos vamos. La manera más sutil no es irse, sino quedarse trabajando en desarrollar la habilidad de estar en medio de todo amablemente, afectuosamente, sin apoderarse de nada. Esto es mucho más difícil, pero si somos capaces de hacerlo, entonces permanecemos interiormente libres. Alguien dijo que si solo hubiera un mantra en el budismo, este sería «¡Deja ir!». Fuera podemos tenerlo todo, dentro debemos dejar ir. No se trata de las cosas en sí, ellas son inocentes. Es en nuestra actitud hacia ellas donde reside el problema. «Saber estar satisfecho con lo que se tiene –dijo Dilgo Khyentse Rinpoche– es poseer la verdadera riqueza. Los grandes santos y ermitaños del pasado tenían la habilidad de sentirse satisfechos con lo que tuvieran y con quien vivieran. Permanecían en lugares apartados, refugiados en cuevas, manteniendo sus vidas con lo más básico.»[40]

Una vez que nos damos cuenta de lo poco que necesitamos, es fácil dejar ir lo que sobra. Esta es la razón de que en el budismo, para ayudarnos a nosotros, la gente ordinaria, el primero de los seis *paramitas*, o las seis virtudes trascendentes, sea la generosidad; el proceso de dar y compartir, y el placer que se deriva de ello. En Asia, la principal práctica budista es la generosidad. Es una distinción llamativa entre Occidente y Asia. En Occidente se pone el énfasis en la meditación, y, de hecho, budismo y meditación son considerados a menudo la misma cosa. Sin embargo, en Asia poca gente realmente medita, incluso entre los monjes. Se considera una actividad especializada o profesional. Probablemente, el único país asiático donde la gente normal practica (la meditación) con seriedad sea

Myanmar. Debido a razones históricas diversas, los birmanos, en los últimos ciento cincuenta años, han adoptado la práctica de la meditación formal, de modo que la gente normal de las ciudades, los oficiales del ejército y todo el mundo practican.

En la mayor parte de Asia, las cualidades del budismo más ejercitadas son la generosidad y la devoción, de manera que la gente se complace en dar. Hay muchas oportunidades para que la gente cultive la generosidad. Al amanecer, en los países *theravada*, los laicos se arrodillan en las calles con comida que han cocinado para ofrecer a los monjes cuando pasan. Hay reuniones periódicas donde se pueden hacer ofrendas, al templo o unos a otros; les encanta hacer ofrendas a la menor ocasión. La alegría de dar es importante, porque la generosidad es uno de los principales antídotos contra la avaricia. Si tenemos algo y nos hace felices compartirlo con los demás, entonces no hay nada malo en tenerlo.

Así que esta cualidad de alegrarse de dar a los demás es importante, y por ello se la pone al inicio de nuestro adiestramiento espiritual. Porque incluso si nuestra conducta moral deja algo que desear, o a menudo mostramos mal humor, o nunca meditamos y somos poco diligentes, aun así podemos ser generosos y dar más allá de lo que sentimos que nos es cómodo. Podemos practicar regalar cosas que nos gustan, en vez de solo trastos viejos o que ya no usamos, o algo que nos regaló una tía las pasadas navidades y de lo que queremos deshacernos a toda costa. Es importante tener las manos abiertas, porque las manos abiertas llevan a un corazón abierto.

Hace años conocí a un *swami*, un renunciante hindú, que vivía con sencillez en su *ashram* hecho de adobes de barro y bambú. Este *swami* tenía un buen número de discípulos que le ofrecían montones de objetos lujosos. Él examinaba cada cosa con gran interés, y lo siguiente de lo que uno se enteraba era de que se lo había dado a alguien. Las cosas no se le quedaban pegadas a las manos, de modo que cuando murió no dejó nada; y siempre estaba feliz. Le encantaba que la gente le regalara cosas bonitas, porque en su mente comenzaba a darle vueltas: «¡Oh, qué cosa más linda! ¿A quién podría venirle bien? ¿A quién se la puedo regalar?».

Desarrollar este tipo de intención es una buena cosa. Alegrarse de tener algo para poder compartirlo con los demás ayuda a romper nuestro total ensimismamiento en el propio placer y la propia felicidad. Ayuda a empezar a aflojar los dedos que agarran con tanta fuerza las cosas que deseamos, y es el motivo por el que el mismo Buda siempre animaba a la gente a ser generosa y amable. Nos abre el corazón.

Recientemente, un grupo de vietnamitas que vive en Australia vino a visitarnos. Era su primer viaje a la India, y yo los había conocido en Australia, con ocasión de una charla que di en su templo. Desde que me fui de allí, hace ya años, habían estado ahorrando para venir a la India, viajar en peregrinación y hacer ofrendas por todas partes. Su idea era que venir a la India les daría la oportunidad de visitar ciertos monasterios para hacer ofrendas a todos los monjes. Se habían estado privando con alegría de toda suerte de cosas durante años, solo para poder venir juntos a la India y hacer ofrendas. Esto era hermoso. No planearon ahorrar un montón de dinero para poder alojarse en hoteles de cinco estrellas; solo se habían preocupado de ganar más dinero del que necesitaban para donarlo en forma de ofrendas.

La generosidad es el antídoto exacto contra nuestra mente apegada a la avaricia, que siempre está pensando: «¿Y yo qué saco de esto?». En vez de creer que si acumulamos más y más nos sentiremos más satisfechos de alguna forma, reconocemos que cuanto más damos más ligeros nos sentimos y con una satisfacción más profunda.

22. Avanzar hacia la no dualidad

Todo lo que aparece es el producto de la propia mente;
la naturaleza de la mente está primordial-mente libre de limitaciones conceptuales.
Reconocer esta naturaleza
y no albergar conceptos de sujeto y objeto
es la práctica del bodhisattva.

Aquí vamos a ocuparnos de dos aspectos de la mente: nuestro pensamiento conceptual ordinario y la naturaleza última de la mente, que es consciencia pura primordial (conocida como *rigpa* en el *Dzogchen*). Normalmente, en tanto seres vivos comunes y corrientes, solemos ser conscientes del nivel conceptual de la mente, que implica pensamientos, emociones, recuerdos y juicios, así como ideas y creencias. Como señala Dilgo Khyentse Rinpoche:

La gran variedad de percepciones sobre todo lo que os rodea en esta vida surge de vuestra mente. Mirad, por ejemplo, vuestras relaciones con los demás. Percibís a ciertas personas de manera positiva –amigos, parientes, benefactores, protectores–; mientras que hay otra gente a la que percibís como enemigos –todos los que os critican y difaman, os atacan, os engañan u os estafan–. El proceso comienza en los sentidos, a través de los cuales la mente percibe diversas formas, sonidos, olores, sabores y sensaciones táctiles. Cuando la mente toma conciencia de estos objetos externos, los clasifica. Los que encuentra placenteros le resultan atractivos, mientras que los que encuentra desagradables trata de evitarlos. La mente sufre cuando no consigue las cosas placenteras que desea y cuando tiene que experimentar las desagradables que desea evitar. Está siempre ocupada corriendo tras una u otra situación placentera que realmente desea disfrutar, o tratando de escapar de alguna indeseada que encuentra difícil y desagradable. Pero esta experiencia de las cosas como agradables o desagradables no es una función que pertenezca de forma intrínseca a los objetos que percibís. Surge solo en la mente.[41]

Si nos preguntamos «¿Quién soy?», recordaremos nuestro nombre y tal vez nuestra nacionalidad, el tipo racial, el género, quizás nuestra clase social o la casta, y diremos: «Ese es el que soy». Podemos añadir dónde nacimos y dónde crecimos. Incluir nuestra profesión y nuestro estado civil. Que somos hijo de alguien y quizás progenitor de otro ser. A veces somos el jefe y otras, un empleado. Desempeñamos muchos roles diferentes –incluidos el de hombre o mujer– que creemos que definen quiénes somos, a pesar de que hemos estado cambiando todo el tiempo desde que nacimos. Vemos a un niño pequeño y al cabo de un año no lo reconoceremos –cada célula de su cuerpo habrá cambiado, pero seguiremos pensando que es el mismo chico.

Todas las células de nuestro cuerpo se renuevan al cabo de entre siete y diez años, y nuestros pensamientos cambian de instante a instante. Nacen nuevas neuronas en nuestro cerebro, mientras que otras se están muriendo, y nosotros seguimos diciendo: «Soy yo». Tenemos un fuerte sentido de que hay un único y autónomo «yo» en el centro de nosotros mismos que nunca cambia, ya tengamos dos meses o dos años, o tengamos veinte, cincuenta o cien años. Sigo siendo «yo». Mis opiniones, mis ideas, mis creencias, mis recuerdos: este es el que soy. Ese es el nivel de conciencia en el que vivimos. Y normalmente, cuando meditamos, es el nivel de conciencia del que tenemos que ocuparnos y tratar de domar, adiestrar, transformar.

Desde un punto de vista budista, este concepto de un «yo» autónomo es fundamentalmente una ilusión. Es el gran error que nos mantiene atrapados en el *samsara*. El *samsara* no existe, excepto para la mente conceptual. Todo este trabajo que hemos estado haciendo, todas estas estrofas, todo está concebido para el punto de vista de una mente que, desde el principio, está confundiendo la cuerda con una serpiente.* Por tanto, esta estrofa es importante; en medio del texto, de repente, ¡boom!, el autor lanza la bomba.

Cuando el Buda dijo que no existe un «ser», lo que nosotros los budistas llamamos la verdad del *anatman*, no quería decir que no existamos. Por supuesto que existimos, pero fundamen-

---

* «Confundir la cuerda con una serpiente» hace referencia a una famosa analogía oriental muy usada en el budismo. *(N. del T.).*

talmente no existimos en la forma en que creemos que existimos. Pensad en una mesa de madera. La mesa, hoy, parece muy sólida, y cuando volvemos a verla mañana sigue siendo una mesa, y todavía tiene un aspecto sólido. Sin embargo, sabemos que, desde el punto de vista de la física cuántica, por ejemplo, la mesa no existe en absoluto tal como la vemos. De hecho, es energía/espacio, y no es sólida para nada. Si analizamos la *mesidad* de la mesa, nunca la encontraremos.

Recuerdo la primera vez que, en la escuela, siendo una niña, estudié Física: estaba realmente interesada en lo que quedaría cuando todo se redujera a su último nivel. «¿Cuál es la realidad final cuando continuamos indagando hasta el componente último?», le pregunté a la profesora, y ella empezó a hablar de protones y neutrones. Y yo pensé: «Si hay protones y neutrones, tienen que poder dividirse más; ¿en qué?». En ese punto perdí el interés por la Física. Yo hubiera podido ser una buena física, pero mi entusiasmo se apagó a los once años cuando decidí buscar la respuesta en otro lado. Aunque, por supuesto, los físicos cuánticos siguen intrigados por la cuestión: cuando seguimos indagando más y más a fondo, finalmente, ¿qué encontramos? Por lo visto, no pueden encontrar nada que sea la unidad última. Ondas o partículas, energía o espacio, ¿y qué es el espacio? Al final parece que solo quedan la luz y la energía; la materia no es en verdad sólida. La cosa no acaba en una mesa sólida, y sin embargo podemos dejar encima de ella todos nuestros objetos, y nos haremos un buen moratón si tropezamos con ella.

En el nivel último, la mesa no es como la percibimos a través de nuestros sentidos en el nivel de vibración en que experimentamos el mundo. Esos dos aspectos simultáneos existen todo el tiempo. Cuando el Buda dijo que, en última instancia, no tenemos un «ser», no quiso decir que no existamos, sino que cuando buscamos ese «ser» –ese incondicional sentido de «yo» en el centro de nuestro ser–, no podemos encontrarlo. Es como ir quitando las capas de una cebolla una tras otra, para acabar por no encontrar nunca un núcleo.

De la misma forma, podemos ir quitando capa tras capa de la mente hasta llegar al sustrato de la consciencia, que en sánscrito recibe el nombre de *alayavijnana*. Aquí nuestra consciencia se vuelve vasta y espaciosa, y nos sentimos uno con todo. A pesar de ser profundo, este tipo de sentimiento no es el estadio último. A través de la meditación *samatha*, podemos alcanzar este profundo nivel, que está más allá del pensamiento conceptual: la mente se siente clara, vasta, dichosa, de manera que podríamos pensar que estamos liberados.

Cuando el Buda abandonó su palacio, al principio fue a ver a un maestro que le enseñó cómo alcanzar los distintos niveles de *rupa dhyana*, o niveles de concentración meditativa, que son cada vez más sutiles. Luego, su segundo maestro le enseñó las concentraciones sin forma, o *arupa dhyanas*, que llevan hasta «la nada», consciencia vasta y espaciosa, que en su día era considerada como la liberación. Incluso hoy en día mucha gente alcanza este nivel de absorción meditativa y cree que ya se ha liberado, debido al sentimiento de dicha y espaciosidad. Sin embargo, el Buda se dio cuenta de que, dado que uno tenía que volver atrás y regresar de ese nivel, era también transitorio, como todo lo demás, y por tanto no era el último.

Los niveles de la mente puede que sean sutiles, pero siguen estando adheridos al mismo ciclo del *samsara*. Cuando el Buda afirmó que no existía el «ser», tal vez lo que estaba diciendo era que esta mente pensante, y todos sus niveles de absorción meditativa, están todavía atrapados en el reino transitorio del nacimiento y la muerte. No está en ellos la liberación. Porque cuando emergemos de ese estado de bendición, volvemos aquí de nuevo. ¿Qué hacer entonces?

Todo lo que aparece es el producto de la propia mente. Solo percibimos lo que recibimos a través de las puertas de los sentidos. Normalmente creemos que las cosas y las personas existen ahí fuera, más o menos tal como las percibimos. Nuestros sentidos –en especial la vista y el oído– reciben información de lo que pasa ahí fuera, y el cerebro la descodifica con fidelidad para que nosotros decidamos qué sentimos acerca de ello. Todo es como parece ser.

Solo que no lo es. Es difícil para nosotros darnos cuenta de esto. Intelectualmente es algo sencillo de comprender, pero experimentar de verdad este plano del «ser» es difícil, porque ya estamos programados.

He aquí un sencillo ejemplo. Estuve trabajando durante un corto periodo de tiempo en una oficina gubernamental que se encargaba de que los aspirantes recibieran formación profesional. Si alguien iba a ser preparado para ser electricista, tenía que conocer la diferencia entre los cables rojos y verdes. Teníamos un libro ideado por un experto japonés que mostraba círculos rojos y verdes de manera organizada. Cuando uno se fijaba, era obvio que los círculos formaban una A o una K. Sin embargo, en la oficina había un joven que era daltónico, y estuve discutiendo con él sobre el libro. Él decía que solo veía espirales de círculos coloreados. No veía para nada las letras. En la oficina había una chica que llevaba un jersey de color «rojo bombero». Y yo le dije: «¿De qué color viste ella?». Hubo una larga pausa, y al cabo contestó: «Supongo que debe de ser… ¿rojo?». De hecho, él podía distinguir una especie de color «barro».

Este es un ejemplo de cómo, dependiendo de nuestra percepción ocular, podemos observar cosas diferentes. Por tanto, podemos concluir que, si el color que se presenta a la vista normal es inherentemente rojo o verde, todos tendríamos que ver lo mismo. Dicho de otra forma, el color no es inherente a la cosa misma, sino que tiene que ver con su frecuencia vibracional y con la percepción. Recientemente, un eminente neurocientífico inglés ha afirmado que lo que en realidad vemos es una imagen borrosa de las cosas, que el cerebro de inmediato interpreta dependiendo de asociaciones previas. Esto nos da una imagen que tomamos por representación verdadera de lo que estamos percibiendo. Asegura que lo que recibimos a través de los sentidos no es más del 15 %, el resto, en torno a un 85 % de lo que creemos percibir, está fabricado en realidad por el cerebro.

Por definición, todo lo que aparece es producto de la propia mente. Vemos cosas y pensamos que son exactamente así, pero por supuesto solo es como nosotros las vemos. Los perros las ven de distinta forma. Por ejemplo, ellos tienen un millón de veces la capacidad de experiencia olfativa que nosotros tenemos, razón por la cual los perros se sienten fascinados por los olores. Su sentido del olfato es tan agudo que viven en un universo olfativo, que nosotros no compartimos en absoluto.

Hay personas que tienen un oído finísimo, mientras que otras apenas oyen los sonidos de una estrecha banda de frecuencias. Y hay quienes no tienen una percepción del color tan amplia como nosotros, y otras que la tienen mayor aún. Solo percibimos lo que nuestros sentidos reciben, y el cerebro, como si fuera una computadora, interpreta rápidamente la información, hace sus cálculos y elabora para nosotros un cuadro. ¿Qué hay realmente ahí fuera? No podemos saberlo, dado que depende de los órganos de los sentidos y de los mecanismos innatos del cerebro del ser humano; e incluso esas funciones tienen capacidades individuales únicas.

El resto pertenece a nuestras ideas preconcebidas, nuestros juicios, nuestros gustos –lo que nos gusta y lo que no–. A veces, cosas que hace un tiempo considerábamos bellas y estéticamente de buen gusto, ahora nos parecen ridículas. Vemos viejas fotos y exclamamos: «¡Madre mía!, ¿de verdad yo me ponía eso?».

El hecho es que no sabemos realmente qué hay ahí fuera. Solo conocemos lo que percibimos con los limitados sentidos que tenemos. Si tuviéramos otro tipo de sentidos, o de ultrasentidos, o un número menor de sentidos, el cuadro cambiaría. Incluso los propios científicos solo usan el tipo de sentidos y cerebro que tenemos como seres humanos, de modo que ellos también tienen sus limitaciones. No podemos imaginar cómo podrían ser otros tipos de sentidos porque nunca los hemos tenido.

Por tanto, en cierto nivel, todo lo que percibimos es el espectáculo de nuestra propia película interior. De hecho, ni siquiera sabemos qué está pasando dentro, como para hablar de lo que esté pasando fuera. Todas nuestras percepciones son reunidas e interpretadas por la mente pensante, la mente conceptual. Pero nuestra mente conceptual es dualista por su propia naturaleza. Lo que quiere decir que, de forma natural, lo divide todo en sujeto y objeto.

Cuando fui a recibir mis primeras instrucciones de meditación de un viejo yogui llamado Togden Choelek Rinpoche, me preguntó:

–¿Esta mesa tiene naturaleza vacía?

–Sí –contesté.

–¿Tú la ves como vacía? –me dijo.

–No –respondí.

–¿La mente es vacía? –me preguntó.

–Sí –contesté, esta vez con más confianza.

–¿Tú la ves como vacía? –replicó.

–No –reconocí.

–¿Qué piensas que es más fácil, ver la mesa como objeto vacío o ver tu mente como vacía? –me retó.

–La mente, por supuesto –repliqué.

–De acuerdo, eres de los nuestros –decidió.

–¿Y si hubiera dicho que la mesa? –pregunté.

–Entonces te habría enviado camino del monasterio de Sera –dijo.

Esta conversación muestra que la aproximación escolástica es analizar la vacuidad de los fenómenos externos, mientras que la tradición yóguica se ocupa de la vacuidad de la mente. La mente es vacía por naturaleza. ¿Qué quiere decir esto? La descripción clásica es que todo fenómeno está vacío de existencia inherente, lo que significa que no podemos hallar algo que exista de forma independiente y decir de ello que se trata de «la cosa», ya sea una mesa, o la mente, o cualquier objeto. Es imposible encontrar la cosa en sí misma. Todo está elaborado de partículas y piezas que se juntan y se etiquetan.

¿Dónde está la *mesidad* de la mesa? Imposible de hallar. Después de todo, cualquier cosa puede ser usada como mesa a poco que sea algo plana. Usamos otro objeto como mesa y decimos: «Ahora, esto es una mesa». Tal vez ayer era una caja, pero hoy es una mesa.

A pesar de que esta sea la explicación simplista de un conocimiento profundo, es importante, porque etiquetamos todo y luego nos creemos nuestras «etiquetas», en vez de reconocer que se trata solo de una etiqueta, una mera convención.

El Buda dijo: «Yo también utilizo el lenguaje conceptual, pero no me dejo engañar por él».

Y esa es la diferencia: nosotros nos dejamos engañar por él, y creemos que, si le damos nombre a algo, existe como entidad separada y distinta.

Pero aquí estamos tratando específicamente con la mente, no con mesas, y el punto crucial es: ¿Qué es la mente? ¿Por qué la mente es de naturaleza vacía?

Antes de nada, la mente es vacía porque los pensamientos fluyen sin cesar, como burbujas arrastradas por un arroyo. No podemos agarrar una y decir: «Esto es la mente», o incluso «He aquí un pensamiento», porque en el mismo instante en que lo identificamos, ya se ha ido. Nadie que haya intentado ver la mente ha conseguido ver lo que llamamos «el pensamiento», no podemos encontrar el pensamiento en sí. Es como los fotogramas de una película, que se mueven delante del proyector tan deprisa que parecen proyectar al exterior la realidad auténtica. Cada fotograma se mueve demasiado deprisa para ser identificado. Para cuando nos hemos dado cuenta, ya no está.

La vacuidad de la mente conlleva el atributo de espaciosidad. La mente es vacía, pero también es luminosa, o consciente. La mente no es algo apresable –es vasta y abierta, luminosa, clara y consciente–. La naturaleza de la mente es comparable al cielo. Si miramos hacia nuestra mente, nos damos cuenta de que hay dos procesos en marcha: hay pensamientos, que surgen y desaparecen instante a instante, fluyendo de forma continua, y hay consciencia –la atención plena que observa los pensamientos–. Esta observación es ya un paso adelante. Normalmente estamos absortos en el fluir de los pensamientos y arrastrados por ellos. Pero ahora hemos dado un paso atrás y observamos esos pensamientos, de manera que se ha creado un espacio entre el observador y los pensamientos.

Sin embargo, estamos todavía en una situación dualista, porque tenemos el observador y lo observado. A esta mente observadora la llamamos *mindfulness*. Ahora somos conscientes de nuestra mente, y al serlo más y más ya no estamos sometidos del todo. Podemos empezar a ver que nuestros sentimientos, pensamientos, ideas, creencias, recuerdos, prejuicios, valoraciones y apegos son sencillamente pensamientos. Meros pensamientos.

Así que ahí estamos, observando la mente. Mirando cómo pasan los pensamientos, reconociendo que los instantes-pensamiento surgen y desaparecen. Al principio, la corriente de los pensamientos es como una cascada. Luego se convierte en los rápidos de un río que, de forma gradual, se va moviendo más despacio a medida que la mente se aquieta, para, finalmente, entrar en el océano del *samadhi*.

Esta es la mente convencional. Este *mindfulness* observador pertenece también a la mente convencional. Pensad en las nubes en el cielo durante una tormenta. El cielo está completamente cubierto de nubes, solo las nubes son visibles. De la misma forma, la naturaleza de la mente está cubierta por nuestro pensamiento conceptual y, por consiguiente, cuando tratamos de mirar hacia ella, todo lo que vemos son las nubes del pensamiento conceptual.

Pero esas nubes no existirían si no fuera por el cielo. Las nubes proceden del cielo y, al desvanecerse, regresan al cielo de nuevo. Aunque normalmente nos identificamos con las nubes. Cuando las nubes ya no están, lo que vemos es el cielo. Es como cuando volamos en avión atravesando espesas nubes, hasta que el avión toma altura y salimos por encima de las nubes y nos encontramos en el vasto azul con las nubes abajo. Las nubes flotan en la abierta espaciosidad, que está vacía. Está vacía en la medida en que no podemos asirla, verla. Sin embargo, sin el espacio nada existiría. El espacio está por todas partes. ¡Dónde no hay espacio!

Si nos piden que describamos una habitación, haremos referencia a los muebles, a la decoración y a la gente que esté presente. Pero lo que en realidad hay ahí es espacio. Sin embargo, eso no lo notamos. Y sin espacio no podría haber muebles ni gente. Los muebles y las personas solo existen gracias al espacio.

En última instancia, las personas y los muebles son ellos mismos espacio. Cada célula de nuestro cuerpo es espacio. Si observamos nuestro cuerpo físico a nivel infinitesimal, tal vez solo haya vibraciones de luz. Somos completamente espacio. No hay lugar donde no exista el espacio. Todo lo abarca.

Es por ello por lo que la naturaleza de la mente se compara con el espacio y se relaciona con el cielo. *Mindfulness* es un buen paso adelante para escapar de ser envuelto por el pensamiento, a pesar de que nuestro *mindfulness* se base en el sentimiento de «mi» *mindfulness*. No ha trascendido la dualidad sujeto-objeto. Hay *mindfulness*, y aquello de lo que ser *mindful* –consciente–. Sin embargo, la naturaleza última de la mente es como el cielo, que no puede ser dividido; no tiene centro ni final.

Cuando hablamos de la naturaleza de buda podría sonar como si todos tuviéramos un pequeño buda sentado en nuestro interior. «Este es mi buda». «Guarda tu buda para ti mismo». «En realidad mi buda es un buda especial, comparado con el buda de la gente normal». No se trata de eso. No es que todos tengamos una naturalecita de buda sentada en nuestro interior. Eso solo sería otra proyección egótica.

La naturaleza de buda es vacía. La naturaleza de buda es como el espacio. No podemos asir el espacio. Podemos discutir sobre el asiento que nos corresponde en una sala, pero no podemos pelearnos por el aire. Todos estamos sentados aquí, inspirando y espirando el mismo aire. No puedo decir: «¡Perdone, no quiero que usted respire mi aire!». Incluso aunque seamos los más encarnizados enemigos, peleando y gritándonos el uno al otro, estamos íntimamente conectados a causa de que inspiramos y espiramos el mismo aire, que penetra hasta el fondo de nuestros pulmones.

No podemos poseer el aire. El aire es algo que se comparte con todos los seres del planeta, no solo con los demás seres humanos. También los animales y los árboles y las plantas inspiran y espiran, ayudándonos a vivir en este planeta. El espacio carece de centro y de límites; simplemente es –vasto espacio vacío, como la verdadera naturaleza de nuestra mente–. Pero, a diferencia del cielo, que simplemente es vacío, la naturaleza de la mente es también consciencia. Conoce.

La palabra tibetana usada a menudo para describir uno de los aspectos de la naturaleza de la mente es *sal*, que es un término difícil de traducir. *Sal* significa «claro» y a la vez «brillante», «luminoso». Tiene, además, la connotación de ser consciente. La mente es vacía –es decir, espaciosa, abierta, desembarazada e inatrapable–, y al mismo tiempo es clara y luminosa. La mente es intrínsecamente consciente.

Si no lo fuera, no podríamos conocer nada, no podríamos ser conscientes, pero todos lo somos. El término tibetano *rigpa* (o el sánscrito *vidya*) significa «conocer», y normalmente se traduce por «consciencia pura» o «consciencia primordial». El hecho es que conocemos y que la consciencia carece de obstáculos, es espaciosa, clara y luminosa, y eso es lo que somos.

Pero esta cualidad consciente de la mente, que todos tenemos y que nos acompaña todo el tiempo, está más allá de la dualidad; es decir, cuando nos encontramos en un estado de *rigpa* no existe la sensación de «yo» y «los demás». Esta dualidad sencillamente no está presente. No es que nos hayamos quedado grogui; es más como si acabáramos de despertar. El término *buddha* proviene de la raíz *buddh*, que significa «despertar». Y es exactamente eso: de golpe, despertamos.

Somos capaces de ver y oír cosas porque tenemos consciencia. Pero cuando vemos u oímos algo, inmediatamente sobreponemos a ello ideas y juicios, de manera que la subyacente claridad queda oscurecida. La luminosa claridad está siempre presente, pero la recubrimos con todo nuestro pensamiento dualista. No permitimos a nuestra mente permanecer en su consciencia desnuda, que es su estado natural antes de que la revistiéramos de todos nuestros conceptos.

Sin esa consciencia subyacente no podríamos existir. Pero estamos tan ocupados pensando, comparando, imaginando, juzgando y hablándonos a nosotros mismos que no la reconocemos.

El objetivo es reconocer esta cualidad fundamental de la mente. Mi lama me dijo: «Una vez reconozcas la naturaleza de la mente, entonces podrás empezar a meditar». Quería decir que, mientras tanto, lo único que hacemos es jugar a juegos mentales.

Una vez tenemos la experiencia de la ruptura inicial, comprendemos qué es lo que estamos intentando hacer. Y a partir de ahí empezamos a construir, aprendemos cómo estabilizar esa realización. Normalmente, aunque hayamos reconocido la naturaleza de la mente, de forma inmediata la mente dualista reaparece: «¡Atención! ¡Es esto! ¡Ya lo tengo! ¡Estoy iluminado!». El ego de inmediato se apodera de la experiencia y desea reproducirla.

Muchas personas, cuando comienzan a meditar, no tienen ninguna expectativa: sus mentes son inocentes. No tienen ninguna idea sobre lo que se supone que debe pasar, y simplemente se sientan. Les han dicho que reciten tal mantra, o que sigan su respiración, o lo que sea, y dado que su mente está tan relajada, sin expectativas ni objetivos, es normal que surja alguna experiencia de forma espontánea. ¡Parece tan fácil! Entonces piensan: «¡Oh, es fantástico! Voy a hacerlo otra vez». Pero ya no funciona, porque la mente está tratando de manipular y obligar a que se repita la experiencia. Tan pronto como la mente adopta expectativas y se adhiere a esperanzas y temores, la puerta se cierra. Esta es la mayor dificultad que puede encontrar este tipo de meditación. El camino para reconocer la naturaleza de la mente es estar completamente relajado y, a la vez, permanecer atento.

Grandes maestros, que incluso siendo niños han tenido profundas experiencias y comprensión, sin embargo, pasan el resto de sus vidas practicando. Es necesario no solo reconocer la naturaleza de la mente, sino, a partir de entonces, permanecer en esa comprensión bajo cualquier circunstancia. No solo en retiro, sino en todas las situaciones, dondequiera que estemos y hagamos lo que hagamos.

Cuando uno puede permanecer en un estado de consciencia pura todo el tiempo, incluso durmiendo, entonces la práctica se vuelve estable. Por supuesto, muchos grandes practicantes de todas las tradiciones, en el momento de la muerte, entran en un estado llamado *thukdam*. Esto significa que, aunque su cuerpo y su cerebro hayan dejado de funcionar, la consciencia sutil, la naturaleza de clara luz, permanece en su cuerpo en el centro del corazón. El cuerpo no se descompone ni se desploma, no adquiere los signos de *rigor mortis*. En general, suele volverse más hermoso. Los practicantes se mantienen en ese estado durante horas, días y a veces semanas. Es algo muy común. De hecho, se espera que las personas que han realizado algún tipo de práctica den alguna señal de *thukdam* en el momento de la muerte.

La naturaleza de clara luz de la mente se muestra de manera intensa en el momento de la muerte, y estos practicantes han logrado unirse completamente con ella, porque ya tienen familiaridad con esa clara luz a través de su práctica previa. Se dice que es como un hijo reconociendo a su madre. Si no tenemos familiaridad con ella, entonces, cuando la naturaleza de la clara luz aparece en la muerte, nos asustamos y la perdemos de vista.

Sea como sea, el asunto es que la mayor parte de nuestro texto se centra en explicar la manera de ocuparnos de la mente en el nivel relativo: cómo manejar nuestros pensamientos conceptuales ordinarios, y las emociones y respuestas que surgen en las circunstancias difíciles. Y de pronto, sorpresivamente, Thogme nos cuela esta estrofa sobre la naturaleza última de la mente: *Todo lo que aparece es el producto de la propia mente.*

La idea de que la gente nos es hostil o nos es amistosa, de que dice cosas feas sobre nosotros o no nos agradece nuestra amabilidad con ella, es, en última instancia, producto de nuestra propia mente. Todo depende de cómo lo veamos. Nuestro pensamiento conceptual ordinario lo reduce todo, todo lo encasilla. Pero la naturaleza de la mente está más allá de eso, no puede ser encasillada. La naturaleza de la mente es sobre todo libre de limitaciones conceptuales, a semejanza del espacio.

De modo que es vital reconocer esa naturaleza, no solo pensar sobre ella. De hecho, no es posible pensar en ella, porque estaremos haciéndolo de manera conceptual. Este es otro punto que debemos recordar: es difícil pensar sobre algo que por su verdadera naturaleza está más allá del pensamiento.

Una vez vi una entrevista con un pope ortodoxo ruso que decía que lo primero que enseñaban en el noviciado era que nada de lo que puede ser dicho o pensado sobre Dios es Dios. Yo pensé: «¡Bravo!», porque estamos siempre intentando poner en palabras lo inexpresable. Este es el motivo por el que en la poesía tibetana, muy a menudo, se empieza con la fórmula *¡Emaho!*, que significa '¡Qué fantástico! ¡Qué maravilla!'. Es una expresión de asombro. Y a continuación, el resto del texto recurre de nuevo al lenguaje conceptual para intentar expresar lo inefable. A pesar de ello se dedican a escribir libro tras libro sobre lo que no puede ser dicho, y a continuación añaden más comentarios sobre ello.

Se dice que es como un mudo hablando del sabor de la miel –imposible, no puede–. Ha probado la miel, sabe cómo es su sabor, pero, siendo mudo e incapaz de hablar, no tiene palabras para describirlo. Otro ejemplo sería ese documental sobre un equipo de filmación que fue a una pequeña isla cuya población se dedicaba al cultivo del cacao para vender a empresas fabricantes de chocolate. Los nativos nunca habían probado el chocolate. Se sentían perplejos acerca de la razón por la que las empresas pagaban tanto por el cacao, así que probaron los granos y encontraron que eran amargos y desagradables. El equipo de filmación les preguntó: «Entonces, ¿qué creéis que es el chocolate?». Y contestaron: «No lo sabemos; dicen que está bueno, que es dulce y delicioso». A continuación, el equipo de grabación les dio una pastilla de chocolate de verdad, y en el documental se ve la cara que pusieron, al ser la primera vez en la vida que probaban auténtico chocolate. Estaban maravillados: «¡Madre mía, se trataba de esto!». Ahora sabían por sí mismos. No había nada más que decir. La experiencia lo decía todo. Podemos hablar y hablar sobre lo dulce y cremoso que es el chocolate, pero la descripción no tendrá nada que ver con cómo sabe un trozo de chocolate cuando lo introducimos en la boca.

La naturaleza de la mente es similar a estos ejemplos. Podemos hablar y hablar sobre ella, pero solo estaremos usando lenguaje conceptual para tratar de describir algo que está más allá de todo concepto. En el Zen se habla de «el dedo que señala la luna». La gente se queda fascinada contemplando el dedo, que no tiene nada que ver con la luna. Sin embargo, si seguimos la dirección marcada por el dedo, acabaremos viendo la luna.

Toda la práctica budista está dirigida a ayudarnos a recuperar la naturaleza última de la mente, que carece de artificio y es inefable. El mismo Buda casi nunca describió el *nirvana*, excepto para decir lo que no era –por ejemplo, decía que se trataba de un estado sin sufrimiento–. Y no habló mucho sobre ello, porque la experiencia está siempre más allá de las palabras. Si empezamos a hablar de algo, la mente se apodera de ello y acaba creyendo que lo conoce de verdad, porque intelectualmente puede debatir sobre el tema. Sin embargo, podemos analizar el chocolate –su composición química y sus métodos de fabricación–, y seremos incapaces de describir su verdadero sabor. La única forma de conocerlo es probarlo.

Por tanto, nuestro texto dedica la mayor parte de su extensión a tratar de la mente ordinaria, la forma en que se comporta y cómo podemos trabajar con ella de manera inteligente. Y, de vez en cuando, Thogme nos recuerda que nuestra mente conceptual ordinaria no es el nivel superior, que hay algo que está por encima.

De modo que, al igual que las dos alas de un ave, la sabiduría y los medios hábiles de la compasión deben trabajar juntos.

No se trata de que una vez realizada la naturaleza luminosa y vacía de la mente podamos dejar de esforzarnos por seguir siendo compasivos y pacientes; los dos aspectos deben seguir juntos. Y en caso de que estemos empezando a pensar que el adiestramiento de la mente convencional es lo único que importa, entonces se nos recuerda que, en última instancia, la naturaleza de todo es el vacío. Como se dice en el *Prajñaparamita*, aunque hayamos hecho el voto de salvar a todos los innumerables seres vivos, en realidad no hay seres vivos que salvar. Y esto se debe a que, desde el punto de vista de la vacuidad, lo que constituye un ser vivo, su sentido de identidad y de separación frente a los demás, es una mera ilusión. Sin embargo, a pesar de que no haya seres vivos individuales que salvar, trabajamos por ellos, porque, mientras exista esa ilusión, su sufrimiento es real. Y aún debemos preguntarnos a nosotros mismos: «¿Quién soy yo para salvar a nadie, si yo mismo no existo?». Nuestro propio sentimiento de identidad e individualidad es una ilusión. El juego entre los dos aspectos de «la realidad última» y «la realidad relativa» está siempre presente, y ninguna de ambas puede ser descartada. Un ave no puede volar con una sola ala.

23. Reconocer la ilusión

Al encontrar objetos que nos agradan,
verlos como arcoíris de verano,
que no son reales a pesar de su belleza,
y renunciar al deseo y al apego es la práctica del bodhisattva.

Cuando vemos algo que nos desagrada, reaccionamos con enfado y rechazo, y el texto ha estado aconsejándonos sobre cómo manejar esas situaciones. Sin embargo, en la vida no solo tenemos que tratar con circunstancias adversas, sino que además tenemos que desarrollar habilidad para manejar los acontecimientos y circunstancias placenteros, de manera que no nos viciemos y quedemos atrapados. Una forma de evitar el enganche es reconocer la impermanencia de todas las cosas. Esto es lo que dice Dilgo Khyentse Rinpoche al respecto:

El mundo exterior y los seres que lo habitan son todos transitorios. Vuestra mente y vuestro cuerpo están juntos por el momento; pero la mente es como un huésped, y el cuerpo, el hotel en

que se aloja durante una corta estancia. Una vez hayáis entendido verdaderamente esto, la aparente realidad de vuestras ambiciones ordinarias se desvanecerá, y os daréis cuenta de que la
única cosa con sentido que podéis hacer, ahora y en el futuro, es
practicar el *Dharma*.[42]

De nuevo, no hay nada malo en disfrutar de las cosas hermosas. Vemos un arcoíris y exclamamos «¡Qué maravilla!».
Pero no intentamos apoderarnos o adueñarnos de él. No es
«mi» arcoíris. Y sabemos que en unos pocos minutos desa-
parecerá. Sabemos que los arcoíris son puro espacio, vapor
de agua en suspensión con el sol incidiendo en determinado
ángulo. Cuando todas esas causas y condiciones se dan, aparece un arcoíris. No podemos buscarlo adrede; podemos verlo
cuando surge, y fotografiarlo, pero es efímero. Dura mientras
las causas y condiciones permanecen juntas, y cuando eso se
termina el arcoíris se desvanece. Pensamos que es hermoso y
lo disfrutamos, y en muchas culturas la aparición del arcoíris
en determinados momentos se considera un signo auspicioso.
Pero no tratamos de poseerlo para mostrárselo a unos pocos
amigos. Ni podemos patentarlo. El arcoíris está ahí para todo el
mundo, y parte de su encanto consiste en su naturaleza efímera.
    De igual manera, deberíamos tratar de ver todas las cosas
placenteras como si fueran arcoíris. En última instancia, no son
reales. A pesar de que puedan ser hermosas y placenteras, no
necesitamos apoderarnos de ellas y poseerlas. Basta con apreciar su belleza; es suficiente. De lo contrario, no poseemos las
cosas, ellas nos poseen.
    La clase de mentalidad que simplemente ve las cosas con

aprecio y las disfruta es una mentalidad inocente. Por el contrario, cuando concebimos ideas de posesión y queremos quedarnos las cosas para nosotros solos pensando «Esto es mío», ahí es cuando empiezan los problemas. Incluso aunque se trate de algo que hayamos comprado por su utilidad, debemos reconocer que su naturaleza es efímera, de manera que en realidad no lo poseemos.

Podemos afirmar «Esto es mío», pero, en definitiva, ¿qué es lo que tenemos? Si ni siquiera somos dueños de nosotros mismos, ¿cómo vamos a poseer nada? Al final de la vida habremos de dejarlo todo atrás. Entonces, ¿cuál es el problema? La mente avariciosa es el problema. No la belleza, ni las cosas.

Las cosas son inocentes. Las cosas son solo ellas mismas. No han hecho nada; no son el problema. Los sentimientos que surgen en nuestras avariciosas mentes son el problema. No se trata de que no podamos valorar las cosas. No se trata de que no podamos disfrutar de ellas. Pero cuando alargamos el brazo y decimos «¡quiero eso… ya!», ahí aparece el problema.

Sabemos que debemos tomarnos las cosas sin darles importancia. Eso no quiere decir que no podamos tener nada; significa que debemos poseerlas con gentileza. Apreciamos, pero no apresamos. Es la mente que apresa la que causa tanto dolor. Y al igual que tratamos de manejar con habilidad aquellas cosas que nos dañan y nos causan enfado y malestar, de la misma manera hemos de tratar hábilmente con las que nos producen placer, disfrute y felicidad. El objetivo es tomarnos las cosas con ligereza y suavidad, dejar que sean como son, y permitir que fluyan.

Esa es la razón de que la generosidad sea una hermosa virtud. Normalmente agarramos con fuerza las cosas que nos gustan, pero con generosidad podemos pasárselas a otra persona, soltarlas. Entonces todo adquiere más ligereza; nuestra vida entera se vuelve mucho más ligera. Es asombroso cuánto nos apegamos a las cosas. En un instante algo es solo «un objeto» y al instante siguiente ya lo hemos comprado y es «mío», y nuestra actitud da un vuelco por completo.

Por ejemplo, si estamos en una óptica y unas gafas se caen al suelo y se rompen, nos importa bien poco. Pero cuando nos damos cuenta de que son nuestras gafas las que se han caído y se han roto, nos alteramos: «¡Oh, no! ¿Quién ha roto mis gafas?». Mientras no son más que unas gafas, no importa, pero cuando son mis gafas, ya es un asunto completamente distinto. Y todo por esa minúscula palabra: «mis».

Así que debemos ser más conscientes. El primer paso es darse cuenta. Tomar conciencia de que todo es transitorio, como una ilusión. Raramente experimentamos algo de forma directa. Todo lo que percibimos y experimentamos pasa por el filtro de nuestra visión dualista y engañosa, de nuestra idea del mundo. Si todo lo que percibimos está falseado y es impermanente, entonces, ¿a qué agarrarse a nada? ¿Qué razón puede haber para apegarse a ello o para rechazarlo? Por eso el *mindfulness* es beneficioso. El *mindfulness* nos hace mucho más conscientes de todo el necio pensamiento que da vueltas por nuestra mente, y que normalmente aceptamos sin analizarlo, y que nos empuja a apropiarnos de cosas que son impermanentes y ni siquiera son lo que parecen. De forma gradual nos vamos haciendo más conscientes y más lúcidos.

Llevamos nuestra mente con nosotros allá donde vamos. Incluso si fuéramos a Marte o a Júpiter, llevaríamos la misma mente. Es la mente con la que vivimos, con la que dormimos y con la que conversamos a todas horas. Es nuestra compañía más habitual, está con nosotros a tiempo completo. ¿No sería deseable vivir con una compañía encantadora? ¿O querríamos tener un compañero que estuviera quejándose a todas horas, diciéndonos lo torpes que somos, que no damos una a derechas, y nunca vamos a ser capaces de llegar a nada? ¿Qué clase de amigo sería ese? Desde este punto de vista, sería de gran ayuda hacernos amigos de nuestra mente. Shantideva elogia la confianza en sí mismo como una ayuda indispensable en el camino del *bodhisattva*. Domar la mente no es solo conseguir que esté en calma y concentrada, sino también que se vuelva amigable y apta para ser adiestrada.

Y ahí estamos en nuestra mente, que podemos ver como si fuera una habitación cuya puerta y ventanas mantuviéramos cerradas de forma habitual. Mucha gente vive dentro, con las cortinas cerradas o los estores bajados, y poca luz filtrándose del exterior. Mientras, su habitación mental se va llenando de montones y montones de basura, formando una pila de inmundicia hecha de las opiniones que otra gente airea sin parar en televisión, comparte en las redes sociales y publica en periódicos, libros y revistas. Raramente algo se analiza o clasifica, y casi nada se desecha. La mente acaba siendo un gran depósito de basura, en medio del cual se vive. Nunca se limpia ni se ordena, no se abre la puerta ni las ventanas, ahí no penetra el aire fresco…, y de pronto ¡decidimos invitar al Dalái Lama a tomar el té!

Si vamos a recibir a Su Santidad en nuestra morada, no podemos hacerle un hueco entre todo el montón de basura, así que hay que empezar a limpiar un poco. Analizamos toda esa montaña de trastos que nos rodea y decidimos qué es necesario y qué no merece la pena conservar. Y comenzamos a deshacernos de cosas. Abrimos la puerta y las ventanas, y limpiamos. Tiramos muchos objetos inservibles. Lo hacemos pensando: «¿Para qué quiero toda esta basura en mi mente? No me sirve para nada. Todos estos juicios, opiniones, fantasías, recuerdos… ¡qué pérdida de tiempo! ¿Qué hago rumiando todas mis miserias una y otra vez?».

Una de las cosas que descubrimos enseguida, cuando empezamos a observar nuestra mente, es lo aburrida que puede llegar a ser. Al principio resulta interesante contemplar la corriente de nuestros pensamientos, pero luego es como estar viendo la misma sosa película una y otra vez –de nuevo la reposición de *Casablanca*–. Otra historia basada en nuestra percepción distorsionada del mundo como entidad sólida, cuando en realidad es impermanente e ilusorio. Nuestras mentes, en realidad, son machaconas y aburridas la mayor parte del tiempo. La mente rara vez nos trae algo nuevo, fresco y emocionante. Casi siempre vuelve con el mismo material rancio, que repite hasta la saciedad. Los mismos viejos agravios y recuerdos –ya felices, ya tristes–, opiniones, ideas, planes, fantasías y temores. Cuando empezamos a observar nuestra mente, enseguida nos damos cuenta de su falta de originalidad habitual. Nuestra mente conceptual ordinaria no es muy brillante que digamos. Hay un montón de basura ahí dentro que podemos perfectamente llevar al contenedor… porque Su Santidad está por llegar.

Empezamos por quitar la mugre y decorar con buenos pensamientos, con pensamientos positivos, con una auténtica forma de pensar con claridad. Cuando nuestra habitación mental se halla ya en un orden razonable y tiene un cierto aire acogedor, entonces podemos hacer pasar a Su Santidad. Esto quiere decir que la sabiduría puede ser invitada a entrar en nuestros corazones. Podemos pedir a la sabiduría y la compasión que vengan y se queden con nosotros. En realidad, Su Santidad –el *bodhisattva* de la compasión– no reside fuera, sino que vive dentro de nosotros y es la verdadera naturaleza del que somos.

La buena noticia es que no somos basura, no estamos hechos de aversión y apego, no es eso lo que somos, y no tenemos que resignarnos a vivir para siempre en un vertedero; porque esa no es nuestra naturaleza. Todos nosotros somos mucho mejores de lo que creemos ser. Como dijo el Buda: «Si no fuera posible hacerlo, no os lo estaría pidiendo. Pero como es posible, por eso os digo: "¡hacedlo!"».

Pero no podemos depender solamente de una autoridad externa que nos anime. Por supuesto, como para la formación en cualquier destreza, necesitamos guía y maestros; sin embargo, al final es uno mismo el que debe hacer el camino. Al acabar la «práctica de *guru yoga*», tras suplicar las bendiciones del lama, disolvemos al lama en nosotros mismos, reconociendo que su mente y nuestra mente son la misma: como el agua vertida en el agua, o el copo de nieve cayendo sobre la quieta superficie del lago. Ambos se funden en uno. Lo cual nos muestra dos cosas: la naturaleza similar al arcoíris de uno mismo y los demás, y la unidad de nosotros mismos y la mente de sabiduría de los budas.

Recibimos las instrucciones formales externas con el fin de reconocer que el verdadero guía está siempre en nuestro interior. La separación es ilusoria. No debemos pensar que vamos a depender el resto de nuestras vidas de un guía externo. Tomad la palabra *lama*: *la* significa 'superior', y *ma* significa 'madre'; así que *lama* quiere decir 'madre suprema', que es a su vez la traducción del término sánscrito «guru».

Cuando somos hijitos pequeños, nuestra mamá cuida de nosotros, nos educa, nos enseña cosas y nos ayuda a crecer. Crecer sin madre es difícil para un niño. Pero una vez nos hacemos adultos, si seguimos dependiendo de que mami nos lo haga todo y nos diga cómo debemos comportarnos, entonces mami no es una verdadera buena madre. La madre debe educar a su hijo para que llegue a ser autónomo e independiente. Y a pesar de que cuando nos hacemos adultos seguimos queriéndola y mostrándole agradecimiento, y si nos agobian los problemas iremos a pedirle consejo, ya no dependemos de ella para todo. Una buena madre no fomenta en sus hijos la dependencia de ella hasta el punto de que sean incapaces de tomar sus propias decisiones. Una madre suprema es alguien que educa a sus hijos para ser buenos, responsables, inteligentes y adultos independientes.

Lo mismo sucede en el camino espiritual. Sí, necesitamos guía, necesitamos instrucciones, porque espiritualmente somos como niños. Pero, llegados a cierto punto, a medida que nuestra comprensión profundiza, comenzamos a crecer interiormente y necesitamos empezar a confiar en nuestra sabiduría interior. Hay algo en nosotros que sabe. Una parte de nosotros sabe que nuestro mundo no es tan sólido, que es transitorio. Normalmente, esto queda encubierto por el pensamiento conceptual. Estamos tan ocupados hablándonos a nosotros mismos que no somos capaces de escuchar la voz del silencio. Por tanto, es importante regresar a nuestra sabiduría original y confiar en nuestro conocimiento innato.

Mientras somos niños dependemos de nuestra madre, y eso es importante. No debemos tratar de separarnos de ella demasiado pronto. Por ejemplo, cuando yo tenía seis años, tenía ese impulso, y cuando iba con ella en autobús quería sentarme separada de ella, para mostrar que yo era independiente. Mi madre siempre me dejaba que me sentara donde quisiera, pero, por supuesto, ella lo hacía donde no me perdiera de vista. A pesar de que permitía que yo demostrara que era mayor e independiente, yo sabía que ella seguía estando allí conmigo. Sin embargo, con el tiempo llegó un momento en que quise separarme de verdad, y ella me dejó ir.

Con los gurús pasa lo mismo. Mientras somos niños, espiritualmente hablando, necesitamos su guía, su ayuda. No obstante, los buenos gurús, los verdaderos lamas, preparan a sus discípulos para que no estén siempre pegados a ellos, sino para confiar en sí mismos, en su propia sabiduría interior. Si leemos las historias de los grandes maestros del pasado, en cierto momento enviaban a sus discípulos lejos. Como Milarepa, que fue enviado lejos por Marpa. Le dijo que siguiera su camino. Milarepa continuó dirigiendo sus ruegos a Marpa, pero ya no volvió a verlo, excepto en alguna visión ocasional.

Desconfiad de los lamas que quieren tener siempre a los discípulos pegados a sus faldas; esos que, treinta años más tarde, todavía conservan a todos sus discípulos –los mismos discípulos–. Los discípulos no pueden tomar ni una sola decisión sin acudir a él pidiéndole consejo o consentimiento. No parece algo psicológicamente sano. ¿Necesita el discípulo al lama, o el lama al discípulo? Parafraseando un antiguo proverbio tibetano: Al principio, la persona del maestro como gurú; al medio, las enseñanzas (los textos, las prácticas y las instrucciones precisas) como gurú; al final, la verdadera naturaleza como gurú.

Para concluir con el comentario de esta estrofa, debemos tratar de ver todos los objetos placenteros como si fueran arcoíris. No son permanentes ni duraderos; son impermanentes y fugaces. Como dije más arriba, aunque las cosas que nos gustan puedan ser hermosas y placenteras, no necesitamos aferrarnos a ellas ni codiciarlas. Podemos sencillamente apreciar su belleza. Y esto es cierto también para nuestras relaciones, incluso para nuestras relaciones con nuestros gurús y maestros. El tipo de mente que todo lo experimenta sin apego es una mente inocente, plena de agradecimiento y gozo.

24. Renunciar a las ilusiones

*Las diversas formas de sufrimiento son como la
muerte de un hijo en un sueño:
aferrándonos a las percepciones erróneas como
si fueran reales agotamos nuestras fuerzas.
Por tanto, cuando ocurran acontecimientos desfavorables,
verlos como una ilusión es la práctica del* bodhisattva.

Con esta estrofa, Thogme Sangpo enseña que fabricamos nuestra propia realidad, y que, puesto que nos la creemos con total
empeño, sufrimos. Deberíamos ser capaces de ver que se trata
de una proyección, como si fuera una película. Cuando vemos
una película, reímos si se trata de una comedia y lloramos si
es un drama,ero no perdemos de vista que se trata de una película. Al final, cuando la protagonista muere en brazos de su
amante, por mucho que nuestro corazón haya sufrido durante
la proyección, no salimos corriendo para ir a suicidarnos; solo
era una película.

Recuerdo haber ido a ver *Bambi* siendo una niña. ¡Ah, la escena en que la madre de Bambi muere! Yo solo tenía una madre, y no sabía que las madres pudieran morirse. Fue un *shock* terrible para mí. Me sentí desconsolada, hecha pedazos. Me puse a llorar tan fuerte que mi madre tuvo que sacarme del cine. Hay que tener mucho cuidado con las películas que vemos.

Las diversas formas de sufrimiento son como la muerte de un hijo en un sueño: con esta frase, Thogme Sangpo trata de hacernos comprender que nuestra experiencia es una ilusión o, mejor, un engaño sobre la permanencia y la solidez de las cosas existentes. Si soñamos que alguien a quien amamos está muriendo, en el sueño nos sentimos completamente traumatizados. Lloramos, y, al despertar, nuestra almohada está empapada en lágrimas. Y entonces pensamos: «¡Oh, solo fue un sueño!». Sin embargo, puesto que hemos sentido que todo ha sido tan real, sin hacer caso de que en última instancia solo se trata de una proyección nuestra, seguimos sufriendo. La gente lo pasa mal, pero real y verdaderamente se trata solo de un sueño. Vivimos en un sueño, y tenemos que despertar. El budismo en su totalidad trata de despertar del sueño de la ignorancia. Lo hemos unido todo y hemos hecho que parezca real, existente, pero no lo es. Es como un arcoíris. Es importante que reconozcamos la naturaleza ilusoria y transitoria de las cosas. Como Dilgo Khyentse Rinpoche señala:

> Si habéis contemplado la naturaleza vacía de todos los fenómenos en vuestras sesiones de meditación, es fácil percibir la naturaleza onírica de lo que sucede entre sesiones. Y al mismo tiempo, sentiréis una oleada espontánea de compasión hacia todos

aquellos que sufren innecesariamente debido a que son inconscientes de la naturaleza ilusoria de todo.[43]

No es cierto que nos volvamos insensibles y distantes por el hecho de que empecemos a ver las cosas desde una perspectiva más elevada. Su santidad el Dalái Lama está oyendo constantemente relatos de historias terribles que suceden no solo a los tibetanos, sino a mucha gente de todo el mundo que acude a él a referirle todas las atrocidades que tienen lugar en sus países. Cuando Su Santidad escucha esos angustiosos relatos, rompe a llorar. Su Santidad no es de los que piensan que llorar no es de hombres. Y se siente feliz de llorar (por así decirlo), porque tiene un corazón tan abierto que realmente empatiza con el sufrimiento de los demás. Este es el aspecto de compasión de un *bodhisattva*.

Pero entonces, el lado de la sabiduría ve que todo, en última instancia, es vacío como un arcoíris, que es siempre una proyección. Y cinco minutos más tarde, Su Santidad está de nuevo riendo. No porque no le importe, sino porque es capaz de armonizar sabiduría y compasión de modo que pueda absorber todo ese sufrimiento, toda esa tristeza, y transmutarlos para que no se instalen como un peso en su corazón.

Gracias a que ese sufrimiento universal no se asienta como una pesada roca en su corazón, no vive permanentemente deprimido, amargado, ni encolerizado. Al contrario, todo ese sufrimiento que le llega alimenta su compasión y su sabiduría. Y las personas que se encuentran con él se sienten reconfortadas. Les invade una alegría interior y sienten que, de alguna forma, todo está bien. Esto forma parte de su carisma. Estuve hablando con uno de sus secretarios, y me contó que algunas de las personas que piden una audiencia al principio están tensas y se sienten mal y enfadadas, y lloran. Le cuentan a Su Santidad cosas tremendas, y a continuación, por la forma en que Su Santidad se sienta y lo asimila todo, y acaba expresando sus propias palabras de consejo –y a causa de su amor y compasión infinitos–, los visitantes se van con una sonrisa en el rostro. De alguna forma, él es capaz de tomar todo ese dolor para sí mismo y aliviarlos a ellos, como si les hubiera quitado la carga de encima y la hubiera disuelto en la vacuidad primordial. Lleva haciendo esto más de cincuenta años.

Hemos de aplicar nuestra percepción pura a nuestras experiencias y recordarnos cómo son las cosas en realidad. Por supuesto, cuando algo verdaderamente terrible sucede, como la pérdida de alguien a quien amamos mucho, es natural que sintamos dolor. Nadie está diciendo que no sintamos dolor. Pero, en determinado momento, demasiado dolor se convierte en autocompasión. Dejamos de apiadarnos de la persona muerta o enferma y empezamos a compadecernos de nosotros mismos. Y esto es otro estímulo para el ego, que no sirve de nada a nadie; más bien es contraproducente. El ego se siente feliz de ser desgraciado. El ego se alimenta de nuestra infelicidad tanto como de nuestra felicidad, porque cuando algo malo sucede, si nos apenamos, si sufrimos, nos engolfamos en nuestra pena y nuestro dolor, pensando solo en nosotros mismos. Esta autoabsorción es todo lo que el ego busca: ya sea un feliz yo, o un yo desgraciado, no importa, mientras se trate de «mí».

Las personas con problemas psicológicos viven normalmente absortas en sí mismas. La gente más sana y saludable es la que no piensa en sí en primer lugar y está mucho más interesada en el bienestar de los demás. Eso le da una especie de tranquilidad y espacio interior. Incluso en situaciones sociales difíciles, uno tiene el espacio suficiente para absorberlas y disolverlas. Se produce una liberación de tanto aferramiento crispado. Thogme dice:

> *Por tanto, cuando ocurran acontecimientos desfavorables,*
> *verlos como una ilusión es la práctica del* bodhisattva.[44]

Tenemos que ser cuidadosos para no convertir esas dificultades y tragedias en el centro de nuestra vida, y darnos cuenta de que, en el conjunto de la película de la vida, se trata solo de una escena más. Tenemos que seguir adelante.

Es importante aplicar la sabiduría y la comprensión a nuestras vidas. Necesitamos preparar de antemano nuestra mente para que, cuando sucedan acontecimientos adversos, tengamos el conocimiento previo y la fuerza moral para afrontarlos. La sabiduría budista reconoce que las cosas no son tan sólidas ni permanentes como aparentan, y que necesitamos darnos cuenta de que el modo en que las vemos es solo «el modo en que las vemos». Esto no quiere decir que las cosas sean así, porque, como ya hemos visto, percibimos todo a través de nuestra mentalidad errónea. No vemos las cosas como son realmente; solo un buda o un *arya bodhisattva* ven las cosas como son.

Pero, incluso si no somos capaces de ver las cosas como son, al menos podemos recordar que no las estamos viendo como realmente son. Los que tienen un nivel superior de conocimiento están de acuerdo en que nuestra realidad aparente es solo una proyección. Así que, aunque no seamos capaces de ver las cosas de esa manera, debemos recordar que los más realizados maestros, que tienen un nivel de conocimiento más desarrollado que nosotros, están de acuerdo en que todo es una simple proyección. No es necesario aferrarse a lo que es placentero ni a lo que es doloroso.

Como ya conté en el capítulo 1, fui educada en una familia espiritista, y durante los años cincuenta, al acabar la Segunda Guerra Mundial, todavía muy presente en la mente de las personas, hacíamos sesiones espiritistas en casa. Teníamos una pareja de amigos que acudían regularmente, tras haber perdido a su único hijo en la guerra. Había muerto al volcar y explotar su tanque en un puente, y los soldados atrapados en el interior habían ardido y se habían ahogado. Esta «huérfana» pareja venía a las sesiones solo para comunicarse con su hijo, que les había dicho: «Sí, fue horrible, pero ahora estoy bien y necesito seguir mi camino. Por favor, dejad de establecer contacto conmigo. Tuvimos nuestro tiempo juntos, pero ahora dejadme marchar, y vosotros continuad con vuestra vida». Sin embargo, no podían renunciar a su dolor y su apego, porque habían construido su vida entera alrededor de aquel hijo, y, ahora, de su pérdida.

El tema es que perder a tu único hijo es algo terrible, pero la película continúa. Él ya no está y nosotros tenemos que seguir adelante. Quedarse obsesionado con esa única escena, y revivirla una y otra vez, no es de ayuda para nadie. Por tanto, por muy terrible que sea lo que nos suceda, debemos recordar que las personas están muriendo y naciendo a cada instante. Por supuesto que es trágico, y que desearíamos que no hubiera sucedido, pero ha sucedido, y tenemos que aceptarlo. Todo lo que nos pasa nos enseña algo. ¿Qué podemos aprender? Es importante hacerse cargo de todo lo que nos ocurre en la vida, y tratar de sacar de ello alguna lección.

Algunas personas llaman a este mundo «la escuela de la vida», y hay ciertas lecciones que son duras, pero así es como crecemos en comprensión y experiencia. Si todo fuera siempre fácil y agradable, no aprenderíamos gran cosa. Mirando hacia atrás, mucha gente descubre que fue en los momentos difíciles, gracias a los desafíos, cuando sienten que hicieron progresos internos. Más adelante se sienten agradecidos por aquella oportunidad de crecer. De lo contrario, no hacemos sino repetir los mismos errores una y otra vez, hasta que finalmente aprendemos la lección. Una vez aprendida la lección, podemos graduarnos de ese curso y seguir adelante.

El método más poderoso para evitar cometer los mismos errores de forma repetida es recordar que nuestras percepciones de la realidad (y nuestras propias mentes) se hallan profundamente confundidas. Esa es la idea de la última estrofa de *Las ocho estrofas del adiestramiento mental* de Langri Thangpa:

> Que nada de todo esto sea nunca mancillado
> por los pensamientos de las ocho preocupaciones mundanas.
> Que pueda yo ver todas las cosas como ilusorias
> y, sin apego, liberarme de la esclavitud.[45]

Como recordaréis del capítulo 12, las ocho preocupaciones mundanas son la ganancia y la pérdida, el placer y el sufrimiento, el elogio y la difamación, y la fama y el no reconocimiento. Mucha gente aspira a ganar y ser elogiada, obtener placeres y disfrutar de una buena reputación. Todos queremos evitar las pérdidas y el sufrimiento, las críticas, la mala fama, y las cosas por el estilo. La conclusión que debemos extraer de esta estrofa es que no debemos quedar atrapados entre esos pares de opuestos, esos objetivos mundanos. ¿Por qué practicamos el *Dharma*? ¿Para caerle bien a la gente, que nos alaben y ser conocidos por nuestra devoción? ¿Para tener una vida fácil y agradable, y gozar de la ayuda de todo el mundo? Estas no son las buenas respuestas. Del mismo modo, podemos hacer algo por temor a que, si no lo hacemos, seremos criticados o tendremos problemas. Tampoco esta es una buena motivación. No debemos quedarnos atrapados entre la pérdida y la ganancia, el placer y el sufrimiento. Esa no es nuestra motivación.

No debemos practicar para impresionar a los demás, o porque creamos que seremos más queridos, ni por ninguno de esos motivos ególatras. Nuestra intención debe ser simplemente beneficiar a los demás y a uno mismo, despertar a la realidad última y desear el bienestar de los demás. Eso es todo.

No se trata de hinchar nuestro ego. Esto es importante. Como seres humanos, todos adolecemos de conductas y pensamientos egocéntricos, pero la clave es que debemos dedicar nuestras vidas no solo al beneficio personal, sino también al de los demás. Sin embargo, esto no quiere decir que solamente beneficiemos a los demás y nos ignoremos a nosotros mismos. Tiene que haber un equilibrio entre los dos aspectos. Hay que inspirar tanto como espirar.

Si solo espiramos y a duras penas nos dejamos tomar aire, nos vamos a quedar exhaustos y nos vamos a asfixiar en poco tiempo. Esto sucede a menudo con las personas que se dedican a trabajos muy exigentes, como los servicios sociales y similares, u otras profesiones traumáticas. Son gente entregada y compasiva pero carentes de equilibrio, y se sienten culpables si se dedican algo de tiempo o de atención a sí mismos. Creen que, si se cuidan un poco a sí mismos, es un acto egoísta, y solo se permiten pensar en los demás.

Están los que solo piensan en sí mismos y no pueden ocuparse menos de los demás. Creen que los demás ya se encargarán de sí mismos, y su mantra es: «¡Soy yo quien me importa a mí!». Luego están los que, a menudo debido a su baja autoestima, se sienten culpables si se hacen algo de caso a sí mismos. Están convencidos de que se deben por completo a los demás, sin dejar nada para sí mismos. Esta es otra forma desequilibrada de vivir, y al final acaban quemados.

Es importante que nos cuidemos, para estar fuertes cuando haya que cuidar a los demás. Es como un vaso de agua: si la vertemos constantemente y nunca lo rellenamos, no tardará en ser un vaso vacío. Hay que estar constantemente rellenando si queremos que siempre contenga agua. O, si usamos sin parar nuestros móviles y no los recargamos, la batería acabará quedándose muerta. Mucha gente se queda sin una gota de energía porque olvida recargarse. Necesitamos recargar las pilas por medio de retiros u otras actividades que nos ayuden a relajarnos, que nos den un poco de placer y nos hagan reír, porque no queremos ser unas personas demasiado serias. Estamos aquí para dar un poquito de luz, ¿no es así?

El tema es que para hacer este camino hemos de estar equilibrados. Es la razón por la que el Buda dijo que hay que empezar por darse bondad amorosa y compasión a uno mismo. Esto es importante. Si no somos amorosos con nosotros mismos, ¿cómo vamos a dar auténtica bondad compasiva a los demás? De modo que, en primer lugar, nos llenamos de amor.

El *Dharma* es bueno para apalizar al ego. Los textos están siempre insistiendo en los peligros del ego, de la identificación con uno mismo, de la mente egocéntrica y todo eso. En general, en los países budistas, la gente no padece crisis de baja autoestima. Se siente bien consigo misma; por tanto, puede permitirse que el ego reciba alguna paliza y, al mismo tiempo, seguir motivada para esforzarse en ayudar a los demás. Sin embargo, por alguna extraña razón, en Occidente, a pesar del relativo estado de bienestar y la buena educación, la gente a menudo tiene una identidad frágil. Pero ya el Buda, hace dos mil quinientos años, dijo: «Empezamos prodigándonos bondad amorosa, compasión y alegría empática a nosotros mismos».

Ahora bien, ¿a quién le estamos dando bondad amorosa? ¿A la realidad última de nuestra naturaleza de buda? Sin embargo, la naturaleza de buda es en sí misma bondad amorosa. ¿A quién le enviamos amor, y quién lo envía? Bueno, me estoy dando amor a mí misma. Se trata de hacernos cargo de la realidad relativa, de la mente dualista que crea la ilusión de uno mismo y los demás. A pesar de que a fin de cuentas el ego sea una ilusión, mientras tanto se necesita tener una firme confianza en sí mismo para hacer el camino de la disolución del sí mismo. Decir solo «Yo no tengo ego» no sirve. ¿Quién está diciendo «Yo no tengo ego»? ¡Por supuesto, el ego! ¿Quién está golpeando al ego cada vez que trata de asomar la cabeza? Siempre, el ego. Es importante entender esto. El Buda lo vio con claridad. No lo expuso exactamente así, pero si analizamos su método, comienza con la meditación *samatha*, que se practica para aquietar, calmar y concentrar la mente. La mente necesita estar equilibrada y sana si desea progresar en los distintos niveles de absorción meditativa llamados *dhyanas*. *Samatha* cura la mente, para lograr que todos los factores psicológicos estén equilibrados, y poder a continuación empezar a practicar *vipassana*, la visión penetrante, que nos permite ir desvelando la consciencia, capa tras capa, como si se tratara de una cebolla.

Si nuestro sentido del yo está dañado y sufre, no podemos ir separando las capas. Incluso podría ser psicológicamente perjudicial hacerlo. Tenemos que estar fuertes, tener serenidad y lucidez, para dirigir el rayo láser de la visión profunda hacia la naturaleza de nuestra mente vacía y luminosa. Por tanto, es importante poner estos textos en su contexto. El verdadero mensaje del *lojong* es que incluso las dificultades pueden servir de ayuda y ser útiles. Nuestra fuerza interior aumenta cuando reconocemos que los desafíos que afrentamos son medios para nuestro progreso espiritual y nuestra maduración interior.

Si estamos contentos cuando las cosas nos van bien, y molestos y frustrados cuando nos van mal, o somos todo amor y dulzura cuando la gente hace lo que nos gusta, y nos enfadamos cuando hacen lo que no nos gusta, básicamente estamos al nivel de criaturas de dos años. Los niñitos de dos años son todo sonrisas y muecas cuando las cosas van como ellos quieren, pero estallan en rabietas en el instante en que ya no. Y mientras tanto seguimos creciendo, nos hacemos mayores, nos salen arrugas, pero por dentro seguimos siendo el mismo niñito de dos años. Cuando las cosas van bien, somos amables y amistosos; cuando no van bien, nos molestamos, nos cabreamos y nos deprimimos.

Seguimos montando rabietas en nuestro interior, aunque externamente podamos inspirar hondo. Podemos dejar de mostrar nuestras emociones como niños, pero por dentro tiene lugar la misma reacción: felices cuando los demás hacen lo que queremos, enfadados cuando no lo hacen. Igual que niños pequeños.

El Buda siempre dijo que, en el camino del *Dharma*, debemos madurar, debemos crecer, debemos hacernos adultos. Todas estas prácticas tienen por finalidad ayudarnos a transformar nuestras respuestas y actitudes habituales de cuando las cosas van bien, estupendo, y cuando se ponen difíciles, fatal. Tal vez, esas cosas que calificamos de difíciles y malas sean las mejores que nos puedan pasar. Como suelo decir, esto no es una especie de filosofía *New Age* para sentirse bien. Esto es el *Buda Dharma* básico. Es el ego quien dice si algo es bueno o no bueno, basado en el principio de placer/dolor. Pero el ego es un ignorante. A veces las peores cosas dan un giro para terminar siendo las mejores cosas.

«Que pueda yo ver todas las cosas como ilusorias y, sin apego, liberarme de la esclavitud», escribe Langri Thangpa. El mundo que percibimos, y que parece tan real y separado de uno mismo, es comparado en los textos tradicionales a una ilusión; es como un sueño, como un espejismo, como un arcoíris, etcétera. Dicho de otra forma, las cosas parecen ser exactamente lo que son, pero cuando las examinamos de cerca, vemos que carecen de existencia propia. Los fenómenos surgen debido a causas y condiciones, pero en sí mismos no tienen una realidad última. Lo que percibimos son proyecciones de nuestra consciencia. De nuevo, esto no quiere decir que no existamos en absoluto. Obviamente existimos, pero no en la forma en que creemos.

Recientemente, estuve reunida con un neurocientífico que decía que casi todo lo que aparece en nuestra consciencia como una realidad no es real. Hoy en día, los neurocientíficos están llegando a la conclusión de que el porcentaje de lo que nuestro mecanismo cerebral añade al puro *input* que llega a través de las puertas de nuestros sentidos es en verdad mucho mayor de lo que hasta ahora se pensaba. Nuestra realidad aparente está brillantemente fabricada por la mente, según el tipo de cerebro, los órganos sensoriales y el *karma* que tenemos y que compartimos como seres humanos. Si tuviéramos órganos sensoriales distintos y otros mecanismos cerebrales, veríamos las cosas de modo diferente. El mismo Buda dijo que el universo está creado por el *karma* de todos los seres que lo habitan. Dicho de otra manera, todo el mundo está creando de forma espontánea su propio universo.

La neurociencia está confirmando actualmente la sabiduría que lleva existiendo miles de años en la India. Lo que percibimos no existe en sí mismo. Por ejemplo, cuando estamos soñando, si el sueño es vívido nos lo creemos, y nuestro cuerpo también se lo cree. Si es una pesadilla de terror, el corazón se acelera. Cuando un perro sueña que está cazando o huyendo de algo, sus patas se convulsionan, aunque esté dormido. Nuestro cuerpo se cree el sueño que la mente está teniendo, y cuando despertamos entonces decimos: «¡Ah, solo era un sueño! Ahora estoy despierto». Pero, desde el punto de vista de la realidad última, seguimos estando en un sueño. Cuando despertamos a nuestra consciencia no dual primordial, la consciencia del *nirvana*, la naturaleza de buda, el *Dharmakaya*, o como quiera que queramos llamarlo, en ese momento la consciencia del pensamiento conceptual ordinario con la que normalmente nos identificamos, dualista por naturaleza, queda completamente trascendida.

Desde el momento del despertar en adelante, empezamos a ver las cosas como en realidad son, en vez de como nos las presenta nuestra mente-pensamiento conceptual, que divide sistemáticamente lo percibido en sujeto y objeto. Como ya vimos en un capítulo anterior, la palabra *buda* significa 'despertar'. Aunque a menudo traducimos *bodhi* por 'iluminación', realmente significa 'despertar'. Lo que estamos tratando de hacer es despertar del sueño de la ignorancia, de la ilusión, de no ver las cosas como en realidad son. El objetivo de todas las escuelas budistas es hallar el modo de despertar para liberarnos y, al mismo tiempo, ser capaces de abrir el corazón y acoger a todos los seres con bondad amorosa y compasión.

Cuando vemos las cosas como realmente son, ya no hay ego. El ego ha estado creando la película que hemos tomado por realidad y a la que nos hemos apegado. Una vez que nos damos cuenta de que la película solo era una película, dejamos de estar apegados. Pase lo que pase, ya riamos o lloremos, solo es una proyección. No es auténticamente real, y no nos tomamos en serio la reacción. Disfrutamos del proceso, pero no nos lo creemos.

Por ello, Langri Thangpa dice: «Que pueda yo ver todas las cosas como ilusorias y, sin apego, liberarme de la esclavitud». Esta esclavitud se refiere a la esclavitud del ego. Una vez hemos ido más allá del ego y hemos reconocido la naturaleza última de la mente, el apego desaparece y nos liberamos de la cárcel del *samsara*.

25. Practicar la generosidad

Si los que persiguen la iluminación deben
hacer donación incluso de sus cuerpos,
cuánto más será esto cierto respecto a los
objetos materiales.
Por tanto, sin la expectativa de ningún re-
sultado ni recompensa,
dar con generosidad es la práctica del
bodhisattva.

Las seis estrofas siguientes están dedicadas a la práctica de
las seis perfecciones trascendentes, los *paramitas*, que son: la
generosidad, la disciplina, la paciencia, la diligencia, la concentración y la sabiduría. Según Dilgo Khyentse Rinpoche:

Cada una de estas virtudes o cualidades se considera que es trascendente (un *paramita*) cuando tiene las cuatro características siguientes: 1. Contrarresta su opuesto –por ejemplo, la generosidad contrarresta la avaricia–. 2. Se refuerza con la sabiduría, es
decir, que está libre de los conceptos de sujeto, objeto y acción.

3. Da lugar al cumplimiento de las aspiraciones de todos los seres. 4. Aporta a los demás la completa maduración de su potencial.[46]

El camino de un *bodhisattva*, como se expone en los seis *paramitas*, comienza con la generosidad, porque incluso si nuestro comportamiento moral deja que desear, si tenemos mal carácter, o somos perezosos y aburridos, y meditamos de uvas a peras, al menos podemos ser generosos. La generosidad no requiere cualidades añadidas. Es el punto de arranque. Y es importante porque, al dar con nuestras propias manos, si lo hacemos con la motivación correcta, ese gesto comienza ya a abrir nuestro corazón.

Hay una historia del Buda que refiere su encuentro con un hombre rico que era un tacaño recalcitrante. Nunca daba ni siquiera un grano de arroz a nadie, a pesar de ser rico. El Buda le dijo: «Muy bien, toma una fruta con tu mano derecha y pásala a tu mano izquierda. Luego, con la mano izquierda se la devuelves a la derecha». Esto pone en práctica el hecho de tomar algo y dejarlo ir. Cuando se toma una fruta con una de las manos y se pasa a la otra, hay un instante, desde la entrega del fruto con una mano hasta que la otra lo toma, en que la fruta no es nuestra. Así practicamos soltar y dar, que es tan importante.

Ya hemos estado comentando la idea de que agarrar, sujetar y apegarse es la fuente de nuestros problemas. Su contrapartida directa es la idea de comenzar a dar y compartir, para tratar de hacer felices a los otros a través de los regalos –no solo regalos materiales, sino también el regalo de nuestro tiempo–. La gente tiene problemas y le regalamos nuestro tiempo escuchándola y, tal vez, tratando de ayudar. Este es el regalo de servir. Muchas personas trabajan durante toda su vida ayudando a los demás o prestando servicios al *Dharma*. Todo ello es generosidad.

No es necesario estar siempre pensando: «Esto es mío, tengo que conservarlo. Si lo doy, ¿qué será de mí? Tengo que guardarlo todo para mí». Este es un estado mental lamentable. Mientras que la mente que dice: «¡Qué cosa más hermosa! Me encanta, ¿a quién se la podría regalar?» es una mente abierta y gozosa en la que todo fluye con armonía. Normalmente a quien es generoso las cosas le llegan también con facilidad. Nada permanece retenido, nuestros dedos no son adhesivos. Todo se mueve y se comparte con los demás.

Esta es una hermosa forma de vida. No solo con las manos abiertas, sino también con el corazón. Para todos nosotros, esto responde a la cuestión de cómo transformar nuestras vidas desde la ordinaria idea mundana de acumular hasta el ideal espiritual de dar. Y es una de las razones por las que es el inicio del camino del *bodhisattva*, como se expone en los *paramitas*.

Como ya comenté antes, esto se entiende a la perfección en Asia, donde la generosidad altruista de la gente es abrumadora. A menudo dan más de lo que se pueden permitir, y lo hacen con total alegría. Esto lo resuelve todo. La cualidad de dar, la generosidad del corazón, es algo fundamental para todos nosotros, cada uno al nivel en que pueda incorporarlo a su práctica. La alegría de dar alegría a los demás es algo hermoso. Hace cantar a nuestro corazón.

Muchos de los cuentos del *Jataka*, que relatan las vidas pasadas del Buda, narran cómo, siendo un *bodhisattva*, adoptó diversas formas animales y sacrificó su vida por el bien de los demás. El gran mérito que fue creando de esta manera fue una de las causas que lo llevarían finalmente a convertirse en un buda.

Por supuesto a veces la gente piensa: «¡Mírame, lo virtuoso que soy!». Ciertamente, en Asia hay gente que echa cuentas del mérito que va acumulando, como si se tratara de hacer crecer una cuenta de ahorros. Además de su cuenta bancaria, tienen otra de méritos. Pero cuanto más pensamos en el mérito, menos meritorio se vuelve. Es importante dar sin expectativa de recompensa. Olvidaos del mérito; dad por el gozo de dar. Dad porque queréis hacer felices a los demás, o porque lo necesitan. A veces es una buena idea dar algo solo porque a nosotros nos gusta, y porque sentimos apego por esa cosa. Y prestad atención a lo que sentís cuando dais. Dilgo Khyentse Rinpoche lo explica de la siguiente forma:

> Nunca esperéis nada a cambio de un acto de generosidad, y no tengáis la expectativa de que, como resultado, en la próxima vida seréis tratados mejor, o seréis más felices y prósperos. La generosidad es perfecta en sí misma; no necesita otra recompensa que haber hecho felices a los demás. Si dais algo por interés propio, la alegría que podríais haber sentido se desperdicia, y más adelante la infelicidad será el resultado. Pero dar por pura devoción, amor o compasión os producirá un sentimiento de gran alegría, y vuestro regalo creará felicidad añadida. La motivación que hay tras el acto de dar marca la diferencia.[47]

La generosidad es una hermosa cualidad. Es una cualidad afectuosa, amable, espaciosa, y todos nosotros necesitamos cultivarla; no solo con regalos materiales, sino también a través del servicio y el cuidado de los demás. En muchos aspectos, la apertura del corazón que se produce al dar y compartir es ya un componente fundamental del camino espiritual, así como de las relaciones sociales. Para ser felices, debemos tener un corazón generoso. No podemos ser auténticamente felices con un corazón blindado, duro, que no desee compartir nada con nadie.

Cerraremos la exposición de esta estrofa con otra cita del comentario de Dilgo Khyentse Rinpoche:

> La generosidad es la expresión natural de la mente altruista del *bodhisattva*, libre de apegos. El *bodhisattva* es perfectamente consciente del sufrimiento causado por la acumulación de riqueza, su retención y su acrecentamiento. Si alguna vez le llega la riqueza, su primer pensamiento será darla, usarla para hacer ofrendas a las Tres Joyas (el *Buda*, el *Dharma*, la *Sangha*) y para subvencionar ayudas a quienes necesiten comida o alojamiento.[48]

26. Practicar la disciplina

Con falta de disciplina, uno no puede edificar su propio bien
y es de risa pensar en que logrará el de los demás.
Por ello, ser disciplinado,
sin una motivación samsárica, es la práctica del bodhisattva.

Si deseamos tener un jardín, lo primero que hay que hacer es preparar el suelo. Necesitamos cavar la parcela, sacar las piedras, arrancar las malas hierbas y añadir fertilizante para asegurarnos de que la tierra sea productiva. A continuación, hay que plantar buenas semillas.

Con nuestra vida espiritual sucede algo similar, si estamos tratando de cultivar generosidad, paciencia, meditación y sabiduría, esforzándonos en estudiar para comprender y cultivar una vida genuinamente dhármica, necesitamos preparar el terreno empezando por estudiar sus principios éticos. Sin esos principios básicos, nuestra práctica no será de beneficio para nosotros mismos, ¿cómo podría entonces serlo para los demás?

Los cinco preceptos básicos –no matar, no robar, no tener una mala conducta sexual, no entregarse a la maledicencia y no perjudicar nuestra mente con drogas y alcohol– nos muestran el modo de estar en este mundo de forma no dañina. No tienen nada que ver con lo que comemos ni con cómo vestimos. No se trata de principios que fueran importantes hace dos mil seiscientos años en la India y que actualmente carezcan de relevancia, o solo sigan teniéndola en Asia pero no en Occidente. Son normas eternas de conducta que sostienen nuestra vida espiritual, y son la disciplina del *Dharma*. Dilgo Khyentse Rinpoche enseña:

> La disciplina es el fundamento de toda la práctica del *Dharma*. Proporciona el terreno sobre el que todas las cualidades positivas podrán ser cultivadas. De la misma forma en que los océanos y las montañas se sostienen sobre la masa subyacente de la Tierra, todas las prácticas *hinayana*, *mahayana* y *vajrayana* se sustentan sobre la columna vertebral de la disciplina.[49]

Es como una copa. Si queremos servir el elixir del *Dharma*, hemos de tener algo donde echarlo. Hemos de tener una copa, o un vaso, que lo contengan, para que no se desparrame y se malgaste. Ese recipiente es nuestra conducta ética básica, el modo en que estamos en el mundo. Cuando mantenemos los preceptos fundamentales, cualquier ser que se acerca a nosotros sabe que no tiene nada que temer de nuestra parte. No vamos a hacerle daño, ni a engañarle, ni a aprovecharnos. Está a salvo con nosotros. Nosotros estamos a salvo con nosotros mismos también, porque sabemos que, si mantenemos los preceptos, no crearemos *karma* negativo; nos hemos prometido a nosotros mismos y a los budas vivir de forma ética, sencilla y con un propósito bondadoso.

Hay distintos niveles de conducta ética, tanto para monjes como para laicos, pero todos ellos incluyen los cinco preceptos básicos de llevar una vida correcta. No importa a qué religión pertenezcamos, o si no pertenecemos a ninguna, mientras vivamos de forma inofensiva, no solo con el cuerpo y el habla, sino en especial con nuestra mente.

Puede suceder que al principio nuestra mente corra desbocada de ira o lujuria, y que en nuestro interior se desplieguen todo tipo de escenarios conflictivos. Ahora bien, si exteriormente nos dominamos y nos mostramos pacíficos, podemos trabajar para ir aquietando nuestra mente de forma gradual. Si nuestra conducta externa es impecable, será más fácil sentarnos a meditar, ya que no nos sentiremos culpables de nada. Los preceptos nos benefician siempre, y además benefician al mundo. Sin ellos, sería de risa decir que somos practicantes.

Puede que aún no seamos *bodhisattvas*, pero es a lo que aspiramos. Practicamos para ello. La práctica hace maestros, como suele decirse. Así que, si queremos ser maestros, tendremos que practicar. Y uno de los puntos esenciales es empezar por donde nos encontremos en este momento. Nos sentimos felices de alinear nuestra vida con aquello a lo que aspiramos. Pero si nuestro objetivo va en una dirección y nuestra conducta en otra, porque todos nuestros amigos salen de fiesta, o porque seguimos las normas de nuestro ambiente social, nuestros esfuerzos serán inútiles.

Pero cuando somos practicantes, no seguimos las costumbres. El Buda, hace dos mil seiscientos años, dijo que toda aquella persona que practica el *Dharma* es como un pez nadando a contracorriente, cuando el resto de los peces nada río abajo. Eso era en la India de su tiempo. Imaginad qué hubiera dicho hoy. Cada uno de nosotros es responsable de su propia vida, de sus acciones, de sus palabras y de su propia mente. Nadie puede serlo por nosotros. Los cinco preceptos nos son realmente de gran ayuda, y nos recuerdan en qué dirección tratamos de ir.

Si nos falta disciplina, no podemos ayudarnos a nosotros mismos, ni edificar nuestro propio bien, porque las acciones como matar, robar, ser sexualmente indulgente y todo eso nos dañan, a nosotros y a los demás, y crean un mal *karma* que conduce a una vida desordenada e infeliz. No podemos hablar de beneficiar a los demás seres mientras estamos matándolos y robándoles y mintiéndoles. Por eso nos sometemos a la disciplina, pero sin motivación samsárica. No lo hacemos para ganar méritos, ni para que todo el mundo nos observe y comente lo buena gente que somos y piensen: «¡Guau, qué budista tan disciplinado y ejemplar!».

El tema es que si aspiramos a hacer este camino con sinceridad, la condición *sine qua non* es llevar una vida ética; lo sepa la gente o no, lo apruebe o lo desapruebe, nosotros sabemos de corazón que es lo correcto y lo que está en sintonía con la verdad. Observamos los preceptos sin dar escándalo. Y cerramos esta exposición sobre la disciplina de nuevo con otra cita de los comentarios de Dilgo Khyentse Rinpoche:

Sin disciplina no hay modo de lograr ni la felicidad temporal de la liberación del sufrimiento, ni la dicha definitiva de la liberación... Protege tu disciplina, por tanto, tan cuidadosamente como proteges tus ojos. Porque la disciplina, si la mantienes, es fuente de gozo, pero si la transgredes, se convierte en fuente de sufrimiento.[50]

27. Practicar la paciencia

Para un bodhisattva *que desea las alegrías de la virtud,*
todo el que le hiere es como un precioso tesoro.
Por tanto, cultivar la paciencia hacia todo,
evitando el resentimiento, es la práctica del bodhisattva.

Esto es realmente aquello de lo que nuestro texto ha estado tratando todo el tiempo. No hace falta entrar en grandes detalles de nuevo, puesto que las estrofas previas ya lo han desarrollado. En resumen, si de verdad deseamos transformar nuestro corazón, damos la bienvenida a las personas y las circunstancias que nos desafían, nos crean problemas y, en general, suelen provocar resentimiento, ira, humillación y estados mentales negativos. Normalmente, cuando nos encontramos con gente y situaciones que desencadenan esos sentimientos en nosotros, los encaramos como obstáculos, pero en este camino les damos la bienvenida con paciencia, porque nos aportan ocasiones de práctica. Como Dilgo Khyentse Rinpoche señala:

Practicar el *paramita* de la paciencia es esencial para no verse
superado nunca por la ira, el odio ni la desesperación. Una vez
hayáis entrado en el camino de los *bodhisattvas*, vuestro corazón
debe estar siempre lleno de afecto por todos los seres, y verlos
como vuestros progenitores anteriores. Cuando la gente esté en
vuestra contra y os perjudique, debéis incluso amarla más, y dedicarle todo vuestro mérito, además de tomar todo su sufrimiento sobre vosotros.[51]

No se trata de salir a la calle a buscar gente detestable, problemas, ni dificultades. Basta con quedarnos donde estemos, que
ya aparecerán. Y cuando lo hagan, nos encontrarán vistiendo
la armadura del *bodhisattva*, para no ser heridos. Dispuestos
a darles la bienvenida, como oportunidad para chequear hasta
dónde hemos llegado en nuestro camino de *bodhisattva*.

A nivel personal, mi campo de pruebas más importante es la
Oficina de Registro de Extranjeros (FRO) de la India. Ya estoy
lista; me pongo mi armadura, y antes de ir allí, pienso: «Vale,
esta va a ser mi práctica de *lojong* de hoy». Normalmente, los
policías son educados y te ayudan. ¡Pobre gente! ¡La vida que
llevan, discutiendo a todas horas con extranjeros angustiados
por la extensión de su visado! La clave es que, ante cualquier
cosa que pase, la forma en que respondemos es signo de lo poco
o mucho que hemos comprendido. Si nos sentimos molestos y
enfadados, el tema es no sentirnos molestos y enfadados con
nosotros mismos por habernos molestado y enfadado. Simplemente nos decimos: «De acuerdo, ahora puedo ver dónde
tengo trabajo que hacer. Agradezco haberlo visto con claridad.
Sí, esta situación ilumina el área en que debo trabajar». No se

trata de ser un santurrón. ¿Cómo vamos a cultivar la paciencia, la tolerancia y el autodominio si no hay gente y situaciones con las que practicar? La tolerancia es una cualidad esencial para alcanzar la budeidad.

Una vez fui al FRO y coincidí al lado de un monje occidental. El policía le estaba diciendo: «Ha rellenado usted mal el impreso. Eso no va en esa casilla».

El monje le contestó: «Ya lo entiendo, gracias. Ahora lo cambio».

Pero el policía le replicó: «¡No, no!», mientras hacía pedazos el impreso ya relleno y se los tiraba encima al monje. «¡Hágalo otra vez!». Se trataba de un formulario de un montón de páginas.

El monje le contestó: «De acuerdo, muchas gracias. ¿Podría darme otro impreso?». Y el policía le entregó otro impreso nuevo. Cuando volvió con el nuevo formulario relleno, me miró, puso una sonrisa y me hizo una mueca de complicidad.

¡Bien hecho! ¡Muy bien hecho! Es posible hacerlo.

28. Practicar la diligencia

Incluso los sravakas *y* pratyekabudas *se esfuerzan, por su mero beneficio personal, como alguien cuyo cabello estuviera en llamas y tratara de apagarlas.*
Viendo esto, esforzarse en practicar la diligencia, fuente de todas las cualidades excelentes,
por el bien de todos los seres, es la práctica del bodhisattva.

Los *sravakas* son aquellos que se esfuerzan por alcanzar la liberación, el *nirvana*. Los *pratyekabudas* son quienes han alcanzado la budeidad por sus propios medios, sin compartir su realización con los demás. Ambos son ejemplos de quienes se esfuerzan básicamente en su propio beneficio sin pensar en términos de beneficiar al resto de los seres. Por tanto, se trata de personas que se esfuerzan por la liberación espiritual sin despertar la *bodhichitta*. Incluso para lograr esa liberación únicamente para sí mismos, hacen esfuerzos titánicos por extinguir el deseo, como alguien cuyo cabello estuviera en llamas.

El Buda usó esta analogía para transmitir la urgencia. Considerad con qué celeridad correríamos hasta la fuente más cercana para meter la cabeza debajo del agua si la tuviéramos en llamas. No haríamos caso de ningún delicioso manjar que encontráramos por el camino, ni de las chicas o los chicos guapos, ni pensaríamos en ningún programa fascinante que dieran en televisión. Nuestro único objetivo sería apagar el fuego de nuestra cabeza. No nos importaría nada más. Nada tendría mayor importancia que apagar el fuego. Practicamos con esa misma obstinación, y nada más importa.

Si los *sravakas* tienen ese tipo de motivación a causa de una sola persona, cuánto más motivados debemos estar aquellos de nosotros que hemos hecho el voto de *bodhisattva*, los que hemos despertado la *bodhichitta*, la aspiración a la iluminación para el bien y el rescate de todos los seres. La nuestra es una visión increíblemente vasta y requiere de nosotros el máximo esfuerzo. No hay duda de que se trata de algo intimidante.

En nuestra tradición Drukpa Kagyu, nos sentimos muy orgullosos de los «yoguis locos», entre ellos está Drukpa Kunley. Drukpa Kunley en cierta ocasión fue a Lhasa a visitar el Jokhang, que es el templo principal de la ciudad. Se presentó ante la estatua de Jowo Rinpoche, la imagen del Buda Shakyamuni más venerada del Tíbet. El Jowo Rinpoche le fue regalado a Songtsen Gampo, uno de los primitivos Reyes del *Dharma* del Tíbet, por una de sus consortes, como parte de su dote matrimonial. Drukpa Kunley hizo ofrendas y postraciones ante Jowo Rinpoche. Y a continuación le interpeló: «¿Por qué, si tú y yo empezamos a la vez, tú eres ahora un buda y yo todavía estoy atascado en el *samsara*? ¿Qué es lo que aquí no va bien? ¿Cuál es la diferencia entre nosotros dos?». Y al cabo de un rato se respondió a sí mismo: «Ya. La diferencia es que tú te has esforzado y yo soy un gandul». Cuando la gente pregunta «¿Cuál es el mayor obstáculo en el camino?», yo suelo responder: «La pereza».

La pereza se presenta de muchas formas. Está la pereza en bruto, por ejemplo cuando nos resistimos a levantarnos a meditar por la mañana, o cuando preferimos quedarnos a ver una película en vez de ir a una sesión de enseñanzas. Esa es la pereza obvia. Luego está la otra pereza, la que nos mina por dentro, con su sonsonete de que a los demás les resulta fácil practicar, pero a nosotros no. Nos decimos: «He intentado meditar, pero mi mente es indómita; es obvio que no estoy destinado a ser un meditador. He intentado estudiar, pero es muy difícil para mí, y me aburro un montón, obviamente no estoy destinado al estudio. Todo el mundo es amable y abnegado, menos yo, me cuesta muchísimo pensar en los demás, no es para mí ese tipo de conducta de *bodhisattva*».

Constantemente nos debilitamos, nos subestimamos a nosotros mismos. Cortamos de raíz la confianza en nuestro propio potencial. Aunque también se trata de una estratagema para no hacer esfuerzos. Si nos decimos a nosotros mismos que no podemos hacer algo, entonces nos sentimos justificados al no intentarlo. Puede parecer humildad, o simplemente falta de confianza en nosotros mismos, pero en realidad estamos ante una forma velada de pereza.

Shantideva dijo que hay diferencia entre el orgullo o la arrogancia, que son corrupciones mentales, y la autoconfianza. Sin autoconfianza, nunca seremos capaces de seguir el camino. Es esencial escuchar lo que nos decimos a nosotros mismos. Nos estamos hablando constantemente. Quienes han intentado meditar lo saben bien. Tan pronto como tratamos de calmar la mente, nos hacemos conscientes del imparable diálogo interno que tiene lugar dentro de nosotros. ¿Qué nos dice ese diálogo? ¿Qué nos decimos a nosotros mismos una y otra vez? ¿Nos animamos, nos alentamos diciéndonos cosas como: «Bueno, ya lo veo, tengo tal problema y he cometido tal falta, pero no importa. Para eso existe el *Dharma*. El *Dharma* está ahí como ayuda para superarnos y transformar nuestras debilidades. Así que tenemos problemas. Todo el mundo los tiene. Si fuéramos perfectos no necesitaríamos el *Dharma*».

O nos decimos lo estúpidos que somos, lo mal que lo hacemos siempre todo, lo ineptos que somos; que si intentamos practicar el *Dharma*, no vamos a conseguir nada, así que… ¿para qué molestarse en intentarlo? El peor enemigo de muchas personas es su propia mente. Decirnos a nosotros mismos lo inútiles que somos no es humildad.

La palabra sánscrita *bodhisattva*, que significa 'ser iluminado', se traduce en tibetano por *changchub sempah*. *Changchub* equivale a *bodhi*, y la traducción de *sempah* es muy interesante. *Sems* significa 'mente-corazón'. *Satva*, que significa 'ser', se traduce al tibetano como *pawo*, héroe o guerrero. *Bodhisattva*, pues, se traduce en tibetano como 'el guerrero iluminado' o 'el héroe espiritual'. Hay, en tibetano, una connotación heroica en esta palabra.

Hemos de ser heroicos. Tenemos que ser valientes. Tenemos que ser arrojados. Hemos hecho el juramento de alcanzar la iluminación para el beneficio de todos los seres. No podemos quedarnos sentados diciendo: «Oh, no sé. No puedo meditar. Es muy difícil». Hemos de confiar en nosotros mismos. Por supuesto que la finalidad del budismo es deshacerse del ego, pero mientras llega ese momento, mientras todavía imaginamos que tenemos un ego, debemos cultivar un sentido heroico de nuestro potencial. Como ya sugerí, hemos de usar el ego para trascender el ego. Un ego débil, un ego triste, que siempre nos esté diciendo lo difícil que es la vida, y que no vamos a llegar a ninguna parte, no es más que otra forma de orgullo invertido.

Nadie es un inútil, porque todos tenemos el potencial de un buda. La naturaleza de la mente es perfecta. Puede que se halle un poco obscurecida, pero si nos dejamos llevar por los buenos impulsos, nuestra naturaleza saldrá a la luz. Los impulsos negativos que tenemos no nacen de nuestra verdadera innata naturaleza. Solo tenemos que descubrir quiénes somos en realidad. No podemos decirnos a nosotros mismos que no podemos hacer algo y utilizarlo como excusa para no intentarlo. Todo el mundo puede hacer lo que se proponga si se esfuerza en el intento y persiste en él.

Y lo mismo se puede aplicar a cualquier otra destreza. Tal vez no vayamos a ser un Rubenstein, pero podemos aprender a tocar el piano. Si seguimos practicando, a pesar de lo que pueda costarnos repetir las escalas una y otra vez, dándole a las teclas equivocadas, finalmente la música comenzará a sonar. Sin embargo, si abandonamos tras la segunda lección, ¿qué podemos esperar? Nos diremos a nosotros mismos que no tenemos talento para la música, cuando la realidad es que no hemos sido diligentes, que hemos sido perezosos.

Admito que la analogía de tener los cabellos en llamas es un poco exagerada. Sin embargo, como el texto viene diciendo, debemos llevar nuestra vida, y cualquier acontecimiento que nos suceda, a la práctica. Esto implica que no solo debemos pensar en nuestra práctica en términos de sentarse en el cojín, ir a cursos de *dharma* o leer libros, mientras el tiempo restante desarrollamos tanta actividad mundana que nuestras mentes divagan sin rumbo. De hecho, todo lo que hacemos, si lo hacemos con atención plena consciente, puede convertirse en una práctica.

El tercer tipo de pereza es involucrarse en cientos de actividades, incluso virtuosas, como forma de evitar comprometerse con una práctica más profunda. Quienes dirigen un centro de *dharma*, o proyectos sociales dhármicos, deben ser conscientes de la probabilidad de llegar a estar tan ocupados en lo que parece una actividad virtuosa que olviden cuál es el verdadero objetivo: cultivar y transformar la mente-corazón. Incluso aunque estemos trabajando en un centro de *dharma* con total devoción, seguimos necesitando hacer nuestra práctica. De lo contrario, todo nuestro duro trabajo no será sino otro pretexto. El pretexto para evitar lo realmente importante, que es el cultivo, la doma, el adiestramiento y la trascendencia de nuestra mente conceptual.

Sin esfuerzo no hay logro. Todos los sabemos. Se trata de una virtud importante. Si no hacemos ningún esfuerzo, nunca llegaremos a ningún lado. Si queremos llegar desde aquí hasta el comedor, tenemos que ponernos de pie y caminar. Si nos limitamos a quedarnos sentados pensando «¡Oh, comida, ven, ven! ¡Oh, comida, preciosa comida, por favor, ven hasta aquí!», y no hacemos ningún esfuerzo para llegar hasta ella, ¿qué pasará? Que nos moriremos de hambre.

Todo el texto está hablando sobre cómo transformar de manera hábil nuestras vidas en una práctica continua del *Dharma*, donde nada sea desperdiciado y todo sea llevado al camino. Cualquier cosa que estemos haciendo puede ser expresión de nuestra práctica interior. Esta es la razón por la que este tipo de textos es tan importante. Contienen preciosas instrucciones que podemos llevar en el bolsillo y usar a cada paso, para transformar los encuentros y sucesos cotidianos en nuestra práctica del *Dharma*, nuestro camino hacia la budeidad. Externamente parecen simples, pero su significado es profundo.

Daremos a Dilgo Khyentse Rinpoche, de nuevo, la última palabra:

Para despertar y desarrollar todos los *paramitas*, la diligencia es vital. La diligencia es el esfuerzo alegre y la determinación activa de llevar a cabo acciones positivas sin expectativas ni autosatisfacción.[52]

29. Practicar la concentración

*Sabiendo que a través de una profunda visión
interior basada en un estado de calma estable
las emociones perturbadoras quedan desacti-
vadas,
practicar la concentración que trasciende del
todo
los cuatro estados sin forma es la práctica del
bodhisattva.*

De sobra es sabido que la fórmula básica de la meditación
budista consta de dos partes: *samatha* y *vipassana*. Dilgo
Khyentse Rinpoche, en su comentario, subraya lo siguiente:

Examinad cuerpo, habla y mente, y os daréis cuenta de que la
mente es el factor más importante de los tres. Si vuestra mente está completamente adiestrada en el mantenimiento de la calma y la visión interior (*samatha* y *vipassana*), vuestro cuerpo y
vuestra habla la seguirán de forma natural a lo largo del camino
de la liberación.[53]

Lo primero de todo es *samatha*, la 'calma estable', que es el arte de mantener nuestra mente relajada y en calma pero completamente atenta. Toda la agitación interna comienza a menguar y ralentizarse. Al mismo tiempo, agudizamos y afinamos nuestra concentración para hacerla penetrante. Nuestro objetivo es lograr una atención tan precisa que, allá donde la enfoquemos, permanezca fija.

No podemos empezar a entender qué es la mente hasta que la cháchara superficial se detenga. Normalmente, cuando empezamos a meditar nos encontramos con muchos problemas, y uno de los más obvios es que la mente está ocupadísima y no le da la gana concentrarse donde la ponemos. Le pedimos que se concentre en la respiración, y empezamos a pensar en todo menos en la respiración. Conseguimos poner nuestra atención en la respiración, y pocos segundos después tenemos que volver a hacerlo. Esto es lo que sucede normalmente al inicio de la práctica. Solo necesitamos paciencia y perseverancia. A medida que la mente aprende a calmarse y concentrarse, se vuelve más flexible y maleable.

Por eso, el Buda recomendaba siempre que empezáramos con la práctica de *samatha* antes de intentar ninguna otra cosa. Como ya se ha mencionado, en la práctica avanzada de *samatha* existen los llamados niveles de *dhyana*, o de absorción mental. Existen cuatro niveles de absorción pertenecientes al mundo de la forma y otros cuatro niveles de absorción más allá de la forma, que son los que Thogme Sangpo menciona en esta estrofa. Siddhartha los practicó todos antes de llegar a ser un buda, y luego explicó que estos refinados estados mentales «sin forma» –como la realización del espacio infinito o de la conciencia infinita– no son en sí mismos la liberación, ya que son estados transitorios y pertenecen aún al ciclo del nacimiento, la muerte y el renacer.

Esta es la razón de que en la tradición tibetana no se ponga mucho énfasis en estos estados refinados, mientras que alcanzar el primer estado de *dhyana* puede ser útil debido a que la mente se unifica y es capaz de mantenerse estable. El «primer *dhyana*» es un estado meditativo de concentración y discernimiento, acompañado de un brote de alegría. En ese estado, nuestra concentración está domada y resulta flexible, maleable y adaptable, de modo que coopera con cualquier tarea que le pidamos.

Por poner un ejemplo, tratar de concentrarnos usando nuestra mente ordinaria sería como verter agua sobre papel encerado. El agua se desparrama. Pero cuando la mente se ha aquietado, es como verter agua sobre papel secante; se empapa por completo. A continuación, nos fundimos con cualquier práctica que emprendamos y los resultados no tardan en aparecer.

Tras haber domado la mente a través de la práctica de *samatha*, se mantiene tranquila, estable y clara. Estamos completamente concentrados y unificados con lo que estemos haciendo. Podemos utilizar esta claridad y concentración para investigar y adquirir conocimiento sobre la mente misma. A algunas personas no les gusta esto, debido a que tras unos minutos de *samatha* apenas hay pensamientos, o tal vez ni los haya. La mente está en calma, y hay un sentimiento de espaciosidad y lucidez. Sentimos que podríamos seguir ahí sentados dichosamente absortos para siempre. Cuando se le dice a la gente que es el momento de empezar a pensar e investigar, temen que se trate de dar un paso atrás. Pero no es así. A eso se le llama *vipassana*, o clara visión.

Hemos limpiado la mente, y la hemos afilado como un bisturí, y ahora es una herramienta bien afilada. Es el momento de empezar a analizar con minuciosidad, dirigiéndola directamente hacia sí misma. ¿Qué es un pensamiento? ¿De dónde vienen los pensamientos? ¿Adónde van? ¿Quién es el que piensa? Empezamos a plantearnos a nosotros mismos internamente todas estas preguntas con un gran signo de interrogación. Dirigimos hacia ellas la atención. Si no hay pensamientos, hacemos que surja alguno para poder analizarlo. E inquirimos hasta la extenuación. Es un interrogatorio: ¿De dónde vienes? ¿Por qué tienes ese aspecto? ¿Adónde vas? ¿Dónde resides normalmente? Muy bien, ¿y cómo te llamas? ¡No quieres decírmelo! Venga, intentémoslo de nuevo…

Miramos y miramos. Y a continuación miramos al que mira. De esa manera comenzamos a entender cómo es nuestra vida: cualquier estímulo que parezca provenir del exterior, y cualquier consideración interior, todo es pensamiento. Todo se basa en pensamientos: creencias, recuerdos, identidad, juicios, todo. Esto es fundamental, ya que la gente hasta va a la guerra, y mata a los demás o se hace matar, por sus pensamientos y sus creencias. Todo se basa en pensamientos. ¿Qué es el pensamiento? Nunca nos hemos parado a pensarlo. Estamos tan ocupados prestando atención fuera que olvidamos ocuparnos del que piensa. A través de este método podemos finalmente trascender la dualidad y regresar a la naturaleza misma de la mente.

La naturaleza de la mente trasciende el pensamiento, y al mismo tiempo incluye y permea todas las actividades mentales. Por ello se la compara con el espacio, que está ahí fuera y a la vez dentro y en todas partes; ¿dónde no hay espacio?. La naturaleza de la mente, nuestra consciencia pura, es vibrante. No es algo estático, porque es el aspecto de conocimiento de la mente. Ante cualquier cosa que sucede, esa cualidad de conocimiento, esa consciencia esencial, está presente. Si no lo estuviera, seríamos cadáveres. Sin embargo, normalmente, debido a que nuestra consciencia primordial se halla cubierta por las nubes de los pensamientos y las emociones, no somos capaces de experimentar esa consciencia en sí misma. En otras palabras, no somos conscientes de ser conscientes, porque estamos demasiado ocupados pensando. Una vez hemos reconocido nuestra verdadera naturaleza, todo se vuelve obvio.

Mantener esta realización es difícil. Es como despertar durante un instante de un sueño –¡Ajá, era solo un sueño!–, y volver a quedarnos dormidos. Pero la próxima vez tendremos una especie de pálpito de que esto que está pasando ahora es un sueño. Nos queda como una memoria, aunque sea algo confusa, de que existe otro nivel de conciencia llamado «despierto». Por ello en el budismo tibetano se pone tanto énfasis en el «yoga de los sueños» y los «sueños lúcidos», prácticas que nos ayudan a reconocer los sueños mientras estamos dormidos.

Básicamente, nuestra vida entera es un sueño del que intentamos despertar. Quedarse satisfecho con encontrar la tranquilidad y saber entrar en los estados de *dhyana*, o simplemente con dedicarse a investigar la mente conceptual, no basta para liberarnos. Necesitamos reconocer nuestra consciencia primordial, y a continuación aprender a mantenernos en ese estado de presencia no dual continua, día y noche, en la vigilia y en el sueño. Ese es el camino.

La naturaleza de nuestra consciencia primordial es vacuidad y lucidez. Somos capaces de conocimiento porque somos seres conscientes. Pero… ¿qué es esa consciencia? ¿Qué es? Eso es lo que tenemos que descubrir.

30. Practicar la sabiduría

*En ausencia de la sabiduría, la iluminación
perfecta no puede ser alcanzada
solo por medio de los otros cinco* paramitas.
*Por tanto, cultivar la sabiduría, combinada
con los medios hábiles
y libre de los tres conceptos, es la práctica
del* bodhisattva.

La sabiduría es uno de los conceptos cruciales del budismo, en cuyo centro se sitúa la comprensión experiencial de la naturaleza vacía de todas las cosas. El tema principal aquí es considerar por qué Thogme Sangpo afirma que la iluminación no puede ser alcanzada sin la sabiduría, solo mediante el concurso de los otros cinco *paramitas*.

En el contexto de los cinco *paramitas*, la mera adquisición de generosidad, moralidad, paciencia, esfuerzo y meditación, basada en el principio de que es uno mismo quien consigue esas cosas, y por tanto sin la comprensión de la vacuidad y la ausencia de un yo, no puede producir la iluminación. Puede aportar toneladas de mérito de por sí, pero no nos da acceso al gran logro.

Por ese motivo se especifica que, para alcanzar la iluminación, necesitamos cultivar la sabiduría junto con los medios hábiles, o sea, los cinco *paramitas* restantes. Y todo ello tiene que estar libre de lo que llama «los tres conceptos». Para explicar estos «tres conceptos» daré un ejemplo: le regalo una caja de bombones a un amigo, porque a él o a ella le gustan y deseo que sea feliz, o tal vez porque el chocolate es mi apego y quiero trabajar en mi práctica de la renuncia. Sea cual sea la razón, se lo regalo con una buena motivación. Ese acto de generosidad producirá un mérito, es decir, *karma* positivo, y lo que yo haga después con ese mérito ya es mi asunto. Pero la acción misma está enredada en tres conceptos falsos: 1. que hay un sujeto (la persona que hace el regalo); 2. que hay un acto que se realiza (la acción de regalar), y 3. que hay alguien que recibe la acción (mi amigo o amiga). Además, está la creencia adicional de que todo ello tiene existencia real tal como yo lo concibo. Específicamente, la idea de sujeto, acción y objeto, y la creencia en su existencia incontrovertible según la concepción de nuestra mente conceptual, nos atan y nos mantienen atrapados. Por tanto, la acción en sí misma nos mantiene sujetos al *samsara*. Dilgo Khyentse Rinpoche se refiere a ello cuando dice lo siguiente:

> Una completa comprensión experiencial de la vacuidad es el único antídoto contra la creencia en un «yo», en un sí mismo verdaderamente existente. Una vez reconozcáis la vacuidad, todo vuestro apego a ese «yo» se desvanecerá sin dejar rastro. La rea-

lización resplandecerá como un radiante sol elevándose en el cielo, transformando la oscuridad en luz.[54]

Las acciones de generosidad, paciencia, diligencia, disciplina y meditación en sí mismas son buenas, pero para llegar a ser auténticos medios que nos desvelen la realidad última, necesitan conjuntarse con la sabiduría. De lo contrario, la ilusión subyacente no nos permitirá liberarnos. Y no lo permite porque se trata de una acción centrada todavía en el ego: «Yo soy virtuoso, yo soy generoso, yo soy paciente». Siempre hay un «yo» ahí, y por ello esas simples acciones meritorias no pueden ser liberadoras; necesitan el concurso de la visión correcta. Lo cual implica comprender desde el principio que en última instancia no hay nadie que dé, nada que ser dado y nadie que lo reciba.

A través de la realización genuina de la vacuidad y la naturaleza de la mente, podremos ejecutar de forma espontánea todas esas acciones sin que estén adheridas a la idea de un «yo» personal, inmutable y sólido como centro de todo lo que sucede. Experimentaremos una apertura espaciosa, en vez de seguir atrapados en nuestro habitual y rígido pensamiento conceptual. En esto consiste la liberación de la mente, y por ello es la joya de la corona budista. Sin una sabiduría libre de la triple creencia en un sujeto –el «yo»–, en un objeto –«lo otro»– y en una acción, los cinco *paramitas* por sí solos no nos llevarán a la iluminación. Se podría decir también que esos cinco *paramitas* son como las piernas, y que la sabiduría es los ojos. Si estamos tratando de llegar al objetivo, ya sea que tengamos las piernas para el viaje, pero no veamos adónde nos dirigimos, ya sea que veamos el camino, pero no tengamos piernas para hacerlo, de ninguna de las dos formas llegaremos muy lejos. Necesitamos ambas cosas, los ojos y las piernas, para hacer este viaje hacia la iluminación.

31. Observarse a sí mismo

Si no estoy atento a mis propios defectos, aunque externamente parezca un practicante del Dharma, *puedo actuar de forma contraria al* Dharma.
Por tanto, escrutar continuamente mis propias faltas
y superarlas es la práctica del bodhisattva.

Tenemos que examinar nuestras acciones y nuestra propia mente. Cuando encontremos faltas, cuando tengamos problemas, cuando haya dificultades, tenemos que darnos cuenta de ello. Esto no quiere decir que nos tengamos que castigar. Tampoco significa que seamos mala gente. Significa que tenemos que trabajar con esos problemas, significa que tenemos que llevar esas flacuchas piernas nuestras al gimnasio y ponerlas a hacer millas en la cinta.

El tema es que necesitamos ver el problema para ponerle una solución. Es igual que cuando enfermamos: necesitamos ser conscientes de ello antes de empezar a medicarnos. No se

trata de sentirse culpable o de castigarnos por haber enferma-
do. Una vez nos hemos dado cuenta de que hay un problema,
entonces nos ponemos a buscar la solución para recuperar la
salud espiritual. Nuestra verdadera naturaleza es sana, nuestra
verdadera naturaleza es buda, pero nuestros pensamientos y
nuestras perturbaciones emocionales oscurecen esa verdad. Tenemos que curarnos, eliminar esas capas de oscuridad, aunque
no por el método de sacar el látigo y empezar a flagelarnos.
Reconocemos que tenemos problemas, pero, como se dice en el
texto, podemos lidiar con ellos, porque siempre existe un medio
hábil para ello. Ese es el trabajo, ese es el camino. No es algo
que nos vaya a deprimir. De hecho, es algo que nos va a dar
energía. Tenemos un problema, ¡a trabajar ahora mismo en ello!

De lo contrario, fingimos ante nosotros mismos, nos enga-
ñamos a nosotros mismos. Ese es a veces el problema con la
gente que practica el *Dharma*. Leemos textos sobre lo perfecta
que es la conducta de un *bodhisattva*: nada le molesta; nunca
se enfada; cuando le engañan y abusan de él, reacciona diciendo: «¡Oh, gracias, amigo mío espiritual!». La gente lee esos
textos y piensa: «Así es como se comporta un *bodhisattva*, de
modo que voy a ser un buen *bodhisattva* y a hacer lo mismo».
Y entonces comenzamos a fingir. Interpretamos el papel de
una persona a la que nada molesta y nunca se deprime ni se
enfada, porque un *bodhisattva* no hace esas cosas. Fingimos
ante nosotros mismos, y de forma especial ante los demás, que
no hay ningún problema y que somos practicantes sinceros del
Dharma; todo el tiempo disimulamos e ignoramos los problemas que están creciendo en la oscuridad. Muchas cosas crecen
en la oscuridad. Tenemos que sincerarnos y exponerlas a la luz.

Entonces comienzan a marchitarse, y podemos ver lo que está pasando ahí dentro.

No es una virtud tratar de aparentar ser quien no se es. Mientras es de utilidad aspirar a superar nuestros problemas, no es inteligente pretender que no tenemos problemas que superar. Esto es especialmente cierto en los centros de *dharma*, donde todo el mundo trata afanosamente de ser perfecto. Ninguno de nosotros es perfecto. Por supuesto, tratamos de hacerlo lo mejor posible, pero hemos de seguir reconociendo los problemas cuando surgen. Si alguien nos resulta molesto, hemos de admitirlo, y a continuación tratar de encontrar el modo de superar esa molestia de la forma más adecuada al *Dharma*. Pero fingir que no estamos molestos, porque los *bodhisattvas* nunca se molestan, es engañarse. Se trata de una conducta psicológicamente insana, ya que, cuando no reconocemos la sombra, crece.

Así que si queremos conectar con nuestra verdadera naturaleza, debemos estar atentos a nuestras faltas y, a continuación, trabajar con ellas para superarlas o transformarlas. Debemos preguntarnos: «¿Cuál es la mejor forma para mí de manejar este problema que tengo?». Buscamos en los textos, preguntamos a los maestros, reflexionamos sobre ello y finalmente decidimos qué es lo que más nos conviene. Y lo ponemos en práctica.

De nuevo recurrimos al comentario de Dilgo Khyentse Rinpoche sobre esta estrofa:

Normalmente, lo que hacéis, decís o pensáis es expresión de vuestra creencia en la existencia real de dos cosas: vosotros mismos como individuos y los fenómenos como conjunto. Vuestras acciones, en tanto están basadas en esa falsa premisa, solo pueden ser erróneas y estar impregnadas de emociones negativas. Si seguís a un maestro, sin embargo, podréis aprender a sintonizar vuestras acciones de cuerpo, palabra y mente con el *Dharma*.

Probablemente seáis capaces de discernir lo correcto de lo erróneo de manera intelectual, lo verdadero de lo engañoso. Pero a menos que apliquéis este conocimiento de forma práctica a todas horas, no habrá liberación. Tenéis que poner bajo control vuestra mente indómita por vosotros mismos –nadie puede hacerlo por vosotros–. Solo vosotros podéis hacerlo, pero sabiendo cuándo sois víctimas del engaño y cuándo estáis libres de él. La única forma de conseguir esto es mirar sin descanso la propia mente, como si estuvierais ante un espejo. Igual que un espejo os sirve para comprobar si vuestra cara está sucia, y dónde tenéis la mancha, de la misma forma, estar constantemente atentos en cada situación, con la vista puesta en la propia mente, os permite ver si vuestros pensamientos, palabras y acciones son acordes con el *Dharma*.[55]

32. Dejar de criticar a los demás

Si, incitado por emociones negativas, hago públicas las faltas
de otros bodhisattvas, *me perjudicaré a mí mismo.*
Por tanto, no hablar de las faltas de quienes han entrado en la corriente mahayana *es la práctica del* bodhisattva.

Cotillear sobre los demás y denigrarlos es, sin paliativos, una acción no virtuosa. Crea discordia, y, a menudo, hablar sobre las faltas de los demás no es sino una forma de evitar ver las propias carencias. Debemos escuchar atentamente qué decimos –escucharnos cuando hablamos–. No deberíamos decir nada sobre otra persona que no fuéramos capaces de decir en su presencia, ya se trate de un practicante *mahayana* o no. Gampopa, el discípulo principal de Milarepa, al inicio de su trascendente texto titulado *El precioso ornamento de la liberación*, explica que, dado que todos los seres tienen la naturaleza de buda, hablar mal de cualquiera de ellos es inapropiado. En vez de ello, hemos de respetarnos unos a otros.

Dicho esto, cuando nos enteramos de que alguien abusa de su posición, que actúa de manera inmoral e inaceptable, entonces, como recomienda su santidad el Dalái Lama, debemos denunciarlo, aunque solo sea para proteger a los demás. No debemos echar leña al fuego, sino simplemente denunciar, por su propio bien y por el de los demás. De lo contrario, si permanecemos en silencio o, lo que es peor, lo barremos bajo la alfombra y lo cubrimos con ella, simulando que la habitación está limpia, cuando es falso, será un perjuicio para la propia persona que abusa de su posición.

Si no denunciamos, puede continuar con su corrupto comportamiento, moralmente malsano, y seguir creando mal *karma*. Permanecer en silencio, o participar en el encubrimiento, es un perjuicio para todos los que estén bajo su influencia o hayan sido dañados por esa persona. Puede crear una atmósfera de falsedad y perjuicio en la que todo el mundo tenga miedo de denunciarlo honestamente. Por tanto, a veces debemos denunciar, con compasión tanto por las víctimas como por el abusador, para mantener la integridad del precioso camino. Pero aseguraos de los hechos antes de iniciar esa gestión.

33. No tratar de sacar provecho del *Dharma*

Los regalos y las atenciones pueden traer
desavenencias
y ser causa de que la escucha, la reflexión
y la meditación decaigan.
Por tanto, evitar frecuentar
las casas de los amigos y los benefactores
es la práctica del bodhisattva.

Esto se puede aplicar en especial a los lamas, los monjes sénior y la gente importante que goza de un amplio círculo de admiradores deseosos de mostrarles su respeto y hacerles donaciones. Si nos hallamos en esa posición y pasamos el tiempo dejándonos invitar y aceptando todo el jaleo alrededor de nosotros, puede volvernos arrogantes y amantes del lujo. Obviamente, se trata de algo que hay que evitar. Hacer regalos y mostrar respeto son acciones positivas desde el punto de vista del donante. Debemos respetar y honrar siempre a los lamas y maestros. Pero si el receptor de tales atenciones comienza a esperarlas, y a gozar de ellas y de ser el centro de adoración de todo el mundo, entonces tiene un problema.

Por supuesto, Thogme Sangpo fue un lama importante en su tiempo, de manera que aquí está lanzando un aviso a sus compañeros lamas para que se mantengan vigilantes, ya que muchos de ellos pasaban el tiempo fuera realizando *pujas* domésticas y acumulando donativos. De esa forma podían llegar a estar tan ocupados que olvidaban aquello a lo que se suponía que debían dedicarse, que era el estudio, la meditación y la contemplación. Esto está especialmente indicado para los recién incorporados al camino, que es cuando más deben concentrarse en el estudio y la práctica. Si se dejan atraer hacia el circuito habitual de los lamas, su práctica puede verse menoscabada y, lo que es peor, dedicarse a esperar el respeto y la admiración de la gente.

Se trata de un enorme peligro, especialmente en el mundo contemporáneo, donde hay tantos jóvenes lamas reencarnados –renacimientos de grandes lamas fundadores de centros de *dharma* alrededor del mundo en sus vidas anteriores–. Estas reencarnaciones de grandes lamas, reconocidos tras un breve período de tiempo, si no se tiene cuidado, son enviados por todo el mundo, porque los centros de *dharma* necesitan fondos y mantener motivados a sus estudiantes. A estos jóvenes adolescentes se les pone en circulación de manera temprana, y por supuesto gustan a todo el mundo, porque son chicos frescos y encantadores. Son adorables, pero no han recibido una gran formación en esta vida. Los anteriores grandes lamas nacidos en el Tíbet no solo habían estudiado desde los seis años, sino que a menudo habían pasado veinte o treinta años de sus vidas en retiro antes de empezar a enseñar.

A día de hoy, todo el mundo mete prisa, y los centros de *dharma* no están consolidados como lo estaban los monasterios allá en el Tíbet, cuando ni siquiera necesitaban al lama para existir físicamente. A veces, el lama principal salía de su retiro solo una o dos veces al año, con ocasión de rituales importantes o para impartir bendiciones. Pero en la actualidad, los monasterios en el exilio dependen de financiación extranjera, porque ya no poseen las vastas extensiones de tierra y poblaciones que solían. Y como resultado mandan a esos jóvenes lamas reencarnados por todo el mundo antes de que estén preparados, cuando todavía les falta un hervor; de hecho, cuando aún están a medio cocer. Es difícil para ellos también, porque son conscientes de que no están listos. No han acabado todos sus estudios y no han practicado mucho. Algunos ni siquiera han hecho el *ngondro*,[56] y ya los han sentado en un alto trono como si fueran el mismo Buda. Esto es muy peligroso no solo para los estudiantes, sino también para los lamas, ya que cargan con una gran responsabilidad sin ni siquiera haber completado su formación.

Esta estrofa, a pesar de haber sido escrita hace seiscientos años, es incluso más relevante en nuestros días, en que tenemos esta nueva tanda de jóvenes lamas «reciclados» y puestos en circulación de una manera tan a la moda. Muchos son jóvenes brillantes, pero al no estar formados de manera adecuada y carecer de una práctica sólida, toda la incondicional adulación que reciben es fácil que se les suba a la cabeza. Existe y circula por ahí la idea de que cualquier cosa que diga un lama debe ser cierta, incluso si se trata de un sinsentido. Esto es la antítesis del *Dharma*, que pone un fuerte énfasis en el intelecto crítico y el análisis. Es muy peligroso caer en este tipo de fe y conductas, tanto para los estudiantes como para el supuesto lama.

34. No usar palabras duras

Las palabras duras perturban la mente de los demás
y echan a perder nuestra práctica de bodhisattva.
Por tanto, abandonar el habla severa,
que molesta a los demás, es la práctica del bodhisattva.

Bueno, esto es una obviedad. Nos gusta que la gente nos hable con amabilidad. No nos gusta que lo hagan con palabras duras, desconsideradas, hirientes. Como a nosotros no nos gusta, y a los demás tampoco, lo suyo es no hacerlo.

Los humanos somos los únicos seres del planeta que nos comunicamos a través del lenguaje verbal, que sirve para unirnos, pero también para enfrentarnos. Por supuesto, hay otros animales que también se comunican, pero no lo hacen por medio de la torpeza del lenguaje. Tienen otros medios mucho más sutiles de relacionarse.

Debido a que tenemos el lenguaje, somos responsables de

nuestra habla. La gente puede resultar a veces más herida por las palabras que por la brutalidad física. De hecho, la violencia verbal puede causar un daño persistente. Nosotros tenemos el dicho de que «Palos y piedras rompen los huesos, pero las palabras nunca me dañan». Los tibetanos, sin embargo, dicen: «Palos y piedras solo rompen los huesos, pero las duras palabras pueden hacer trizas nuestro corazón». Y es verdad, así que debemos tener bajo control nuestra lengua y ser muy cuidadosos con lo que decimos, y no solo con las palabras, sino también con el tono que usamos. Dilgo Khyentse Rinpoche dice:

> Muchas de las guerras que han devastado el mundo comenzaron por unas duras palabras. Disputas, resentimiento rencoroso y enemistades recalcitrantes, todo ello surge a causa de la pérdida de la tolerancia y la paciencia.[57]

Los padres, en especial, deben ser muy cuidadosos con el modo en que hablan a sus hijos, porque, si lo hacen con severidad, los hijos pueden arrastrar esas reprimendas el resto de sus vidas. Gran parte de los casos de baja autoestima tienen su origen en la infancia, a causa de algo que se escuchó de parte de los partes, que, pese a amar al niño, se irritaron y lo reprendieron con duras palabras. Muchos niños quedan traumatizados por el lenguaje violento con que sus padres les hablaban, o por el que empleaban entre ellos mismos.

Debemos ser cuidadosos con nuestra habla. Debe ser veraz, para que la gente confíe en que no la estamos engañando, que no estamos diciendo nada que sea mentira, y al tiempo nuestras palabras deben ser amables y útiles, si es posible. A veces hemos de decir cosas que parecen desagradables, y a pesar de ello, si la intención es buena, hemos de decirlas. Sin embargo, antes hemos de reflexionar sobre nuestra auténtica motivación. Además, no hemos de involucrarnos demasiado en las conversaciones vulgares. Mucha gente habla sin parar y dice en voz alta todo lo que le pasa por la cabeza. Eso es pura inconsciencia. ¿A quién le sirve de algo? Debemos ser conscientes de nuestra habla y de la repercusión que tiene en los demás. A veces, el discurso más elevado es el noble silencio.

35. Cortar las emociones negativas

Cuando las emociones es lo habitual, es difícil deshacerse de ellas a través de los antídotos.
Sin embargo, con atención consciente y vigilancia, empuñar el arma del antídoto
y atacar el fanatismo y las demás emociones negativas
en el momento en que surgen es la práctica del bodhisattva.

Esto es bastante parecido a lo que tratamos de hacer antes con respecto a la ira. Es importante cultivar una atención consciente –*mindfulness*– clara y precisa, y una vigilancia que supervise lo que estamos haciendo y nuestro estado mental. Aquí *mindfulness* significa estar plenamente presente y consciente de lo que estamos haciendo, pensando y sintiendo mientras actuamos. Dilgo Khyentse Rinpoche, en su comentario a esta estrofa, expone lo siguiente:

Cuando vuestra mente está distraída, hasta os puede picar un mosquito sin que os deis cuenta. Pero cuando vuestra mente está calmada sentiréis la picadura del mosquito de forma inmediata. De la misma manera, la mente necesita estar relajada y en calma para llegar a ser consciente de su naturaleza vacía. La práctica de *samatha* tiene esta finalidad, y por medio de ella incluso alguien muy emocional puede de forma gradual adquirir autocontrol y calma interior. Cuando la mente llega a un estado estable de concentración relajada, vuestras tendencias habituales se disipan por sí mismas, y el altruismo y la compasión se desarrollan y se expanden de forma natural. Finalmente, podréis descansar en el flujo incesante de la naturaleza absoluta.[58]

La vigilancia no tiene que estar funcionando a todas horas; basta con estar atento y comprobar. ¿Se ha distraído nuestra mente, se está hundiendo, se ha enzarzado en emociones negativas? ¿Qué está pasando con ella? Una vez comprobado, si todo va bien, uno se relaja y ya volverá a controlar más tarde. Esta dinámica nos asegura que todo funciona como es debido.

Cuanto más riguroso es nuestro sentido de «presencia», más conscientes somos de lo que sucede en cada momento, más claro y nítido se vuelve. Más capaces nos hacemos de captar las emociones negativas, la avidez y el odio, los celos y el orgullo, y el resto de ellas. Si podemos percibir las emociones aflictivas en el instante en que surgen y verlas al desnudo, eso mismo las disolverá y las convertirá en energía de penetrante sabiduría. Así acaba sucediendo con la práctica habitual.

Si solemos encolerizarnos cuando algo nos molesta, o volvernos codiciosos cuando algo nos gusta, o celosos cada vez que vemos que alguien posee algo que nosotros deseamos, entonces esa será nuestra forma habitual de reaccionar. Se convertirá en nuestro patrón neuronal. A menos que estemos alerta, será muy difícil aplicar el antídoto una vez que nos hayamos dejado llevar por nuestras emociones aflictivas.

Necesitamos desarrollar *mindfulness*, la claridad mental que descansa en el momento presente y que es consciente de todas las emociones negativas en el instante en que comienzan a aparecer, de modo que podamos cortarlas antes de que tomen impulso y crezcan hasta su habitual respuesta inadecuada. El Buda dijo que *mindfulness* es el camino hacia la liberación. *Mindfulness* significa la cualidad de estar presente, de ser consciente, y de saber qué necesitamos cultivar en nuestra vida cotidiana.

El Buda comenzó enseñando, antes que nada, a hacernos conscientes de nuestros movimientos físicos. Cuando estamos de pie, somos conscientes de que estamos de pie. Cuando estamos sentados, somos conscientes de que estamos sentados. Etcétera. A continuación llevamos ese estado de consciencia hacia los sentimientos y las sensaciones de placer, desagrado e indiferencia. Y después llevamos ese estado de consciencia a la propia mente –¿qué está haciendo nuestra mente en este instante?–. Y finalmente hacia la interacción entre los fenómenos externos y los *input* mentales. El camino de la práctica es el camino del desarrollo de la consciencia, y cuanto más conscientes somos, más rápido podemos reaccionar ante las emociones negativas que surgen en nosotros.

36. Estar atento

En resumen, dondequiera que yo esté, y lo que
sea que esté haciendo,
estar continuamente atento y alerta,
preguntándome «¿Cuál es el estado de mi mente?»
y procurando el bien de los demás, es la prácti-
ca del bodhisattva.

Gracias, venerable Thogme, eso es exactamente. Tenemos que saber qué está pasando en nuestra mente mientras está pasando, en vez de quedarnos atontados y anulados por el flujo de los pensamientos y los sentimientos. Es fundamental estar constantemente atentos y alerta, preguntándonos «¿Cuál es el estado de mi mente?». Y al mismo tiempo, necesitamos también procurar el bien de los demás. Dilgo Khyentse Rinpoche nos enseña a hacer lo siguiente:

Cada día, comprobad hasta qué punto estáis aplicando las enseñanzas, con qué frecuencia os ocupáis del control de vuestra mente, y cuántas veces sucumbís bajo el poder de las emociones negativas. Examinar vuestro progreso de esta forma os ayudará a disminuir la tendencia a dejaros llevar por las preocupaciones ordinarias de la vida, y acrecentará vuestra confianza en las enseñanzas.[59]

La estrofa correspondiente de *Las ocho estrofas del adiestramiento mental*, de Langri Thangpa, pone definitivamente las cosas en su lugar:

> En todas mis acciones, que esté yo atento a mi mente.
> yY tan pronto como las emociones perturbadoras surjan,
> sea yo capaz de detenerlas enérgicamente de inmediato,
> ya que serán perjudiciales para mí mismo y para los demás.[60]

Cuando estamos sentados en meditación, si nos dedicamos a observar la mente, lo cual es una excelente actividad, tan solo observamos la corriente de los pensamientos, como en el ejemplo tradicional de alguien que se sienta a la orilla del río a observar la corriente del agua. No nos lanzamos al río y dejamos que la corriente nos lleve, como haríamos normalmente. Solo nos quedamos sentados a la orilla. Dilgo Khyentse Rinpoche usa la analogía de ir sentado en un tren mirando a través de la ventanilla el paisaje que pasa. Bellas escenas campesinas, feos barrios marginales, lo que sea –simplemente observamos–. No saltamos del tren para explorar los lugares. Sentados en el tren, observamos el paisaje que se desliza.

Durante nuestra meditación formal, cuando estamos sentados en el cojín, no juzgamos nuestros pensamientos. No distinguimos entre buenos y malos pensamientos. Todos los pensamientos y sentimientos son solo eso, pensamientos y sentimientos. No son sino energía vacía. No son «yo», no son «míos». Reconocemos la naturaleza absolutamente transitoria de todo nuestro pensamiento conceptual. Y a la vez, desarrollamos la cualidad de estar atentos, de estar conscientes y darnos cuenta de lo que está pasando por la mente. De estar presentes. Durante el día, en la postmeditación, fuera de la meditación formal, cuando las cosas se suceden de forma espontánea –al hilo de nuestras actividades–, debemos seguir atentos a nuestra mente. Debemos observarla todo el tiempo, o al menos tan a menudo como seamos capaces de recordar.

Con frecuencia cuento la historia de cuando empecé a practicar con los yoguis de nuestro monasterio. Me sugirieron formular el compromiso de observar la mente tres veces por hora. Cada hora del día, en tres momentos distintos, mirar qué estaba haciendo mi mente: qué estaba pensando, qué sentía en ese instante. Posteriormente, de forma gradual, a medida que la habilidad de estar atento se desarrolla, nos volvemos más conscientes, más lúcidos, más presentes, y preparados para afrontar las emociones perturbadoras en cualquier momento que surjan. Las emociones perturbadoras, los *kleshas*, son: el deseo, el odio, la ignorancia, el orgullo o soberbia, y la duda. Tan pronto como la emoción negativa surge, cualquier emoción que perturbe la mente, debemos reconocerla de forma inmediata y plantarle cara. Reconocemos el sentimiento subyacente a un pensamiento como odio o aversión, irritación, enfado o arrogancia. O vemos la codicia y el apego, etcétera; o cualquier otra emoción negativa que esté apuntalando un pensamiento. Estos sentimientos y pensamientos crean montones de problemas, a nosotros mismos y a los demás, de manera que es crucial que en todas nuestras actividades examinemos nuestra mente.

Antes de actuar debemos examinar la motivación subyacente, porque, como dijo el Buda, «*Karma* es intención». No se trata tanto de qué hacemos, como de la razón por la que lo hacemos. Tomemos un ejemplo extremo: consideremos a un asesino que empuña un afilado cuchillo, o un bisturí, lo hunde en el corazón de alguien y lo mata. La motivación subyacente puede ser el odio o los celos, que han causado su deseo de matar a esa persona. Por otro lado, tenemos a un experimentado cirujano que, de forma similar, agarra un bisturí y lo hunde en el pecho de alguien, con la intención de llevar a cabo una operación de corazón. Desafortunadamente, comete un error y el paciente muere, pero la motivación del cirujano era diferente a la del asesino. La intención del cirujano era ayudar y curar a la persona, no herirla y matarla. Esencialmente, aunque la acción es la misma, y el resultado el mismo –la muerte de la persona–, los resultados kármicos serán diferentes, debido a que la intención fue diferente. Esta es la razón de que, al emprender cualquier acción, sea importante para nosotros considerar tan honestamente como nos sea posible la intención que subyace a esa acción corporal o de habla.

No se trata de la acción realizada o de las palabras dichas, sino de cómo han sido pronunciadas esas palabras, cómo ha sido hecha esa acción, y con qué intención. Eso es lo que cuenta. Por tanto, debemos ser cuidadosos con lo que pasa en nuestra mente a lo largo del día, porque los pensamientos tiran de las palabras y de las acciones. Si queremos que nuestras palabras y acciones sean puras y beneficiosas, debemos vigilar que la motivación subyacente sea igual de pura y benéfica.

Si observamos que hay negatividad en la mente, debemos reconocerla, porque a partir de esa negatividad, de las emociones perturbadoras, a continuación actuaremos de forma torpe y causaremos un montón de problemas, tanto a nosotros mismos como a los demás, y serán origen de mal *karma*. En general, cuando no estamos atentos, metemos la pata. Tenemos que ser conscientes de qué está pasando en nuestra mente. Si nuestra mente es de verdad pacífica y benigna, es improbable que actuemos con torpeza y produzcamos daño, bien a nosotros mismos, bien a los demás. Por lo general, culpamos a los otros de nuestros problemas, pero en realidad el problema siempre está en nosotros.

«Que pueda yo hacerles frente con firmeza y apartarlas» significa reconocer las emociones negativas y mitigarlas. Para empezar tenemos que dirigir la mirada hacia nuestros pensamientos y emociones. Cuando cualquier tipo de emoción negativa surja, como puede ser la ira, la codicia, el orgullo, los celos o el miedo, en ese mismo instante, si la afrontamos abiertamente, sin reaccionar, podemos reconocer esa emoción tal como es. Y de esa forma seremos capaces de decidir cómo queremos manejar la situación. En todas las escuelas budistas se hace hincapié en cómo lidiar con las cinco emociones aflictivas en todos los niveles. Podemos desarraigar, transformar y trascender esas poderosas fuerzas que subyacen en la mayor parte de la existencia egoica. Por tanto, primero hay que reconocer la emoción negativa en el momento en que surge. Hemos de dar la cara. No debemos fingir que en realidad no se trata de una emoción negativa. *Es* una emoción negativa. A continuación, dependiendo de nuestro nivel de práctica y nuestra destreza, nos ocupamos de ella.

Por ejemplo, si de repente notamos que nos hemos enfadado, podemos tratar de reemplazar ese enfado con autodominio y aguante, o invocando la compasión y la bondad amorosa. O podemos afrontar ese enfado y transformarlo en su energía básica, llamada «la sabiduría del espejo». O si, como dice Shantideva, estamos tan enfadados que nos resulta imposible en ese momento cambiar la ira por algo más positivo, debemos actuar como si fuéramos un trozo de madera, incapaz de reaccionar. Inspirar, espirar, y contar hasta diez. Más tarde, podemos leer un libro sobre cómo reaccionar ante la ira.

La cuestión es que todos tenemos emociones negativas. Si no tuviéramos ninguna en absoluto, eso querría decir que no tendríamos ego. En cuyo caso seríamos *arhats*, lo cual sería maravilloso. Pero la mayoría de la gente no está en ese punto. Todos tenemos defectos. Todos tenemos problemas; si no es por una cosa, es por otra.

Tener emociones negativas no es el problema. A fin de cuentas, si no las tuviéramos no necesitaríamos un camino. El asunto es reconocer nuestras emociones negativas y aplicar los antídotos. Mientras nos neguemos a reconocer ningún problema, y nos engañemos pensando que el problema son los demás, nada cambiará. Nos acostumbraremos cada día más a nuestras emociones negativas y a sus reacciones. Una vez reconozcamos cuál es el problema, podremos empezar a trabajar. Cualquiera que sea nuestro problema, siempre habrá un remedio para él. Es parecido a cuando estamos enfermos. Si negamos la enfermedad, empeoraremos. Pero si descubrimos cuál es la causa real de nuestro problema, entonces será probable que haya cura, siempre que nos tomemos la medicina. Este es el motivo de la importancia de observar la mente a lo largo del día tanto como nos sea posible, en medio de nuestras actividades, y reconocer cuáles son las emociones y pensamientos subyacentes. Si son negativos, tenemos que reconocerlos y cambiarlos. Si son positivos o neutrales, entonces no hay problema.

Tenemos que hacernos más lúcidos, estar más centrados, ser más conscientes, estar totalmente presentes; y, a la vez, abrir nuestro corazón a la felicidad y el bien de los demás. Eso nos hará seguir avanzando. La gente suele quejarse de falta de tiempo para practicar. Os digo que mientras podamos respirar, podemos practicar.

Dilgo Khyentse Rinpoche describe con hermosas palabras la esencia de la práctica del *bodhisattva* cuando afirma que:

La esencia de la práctica del *bodhisattva* es trascender el egocentrismo y dedicarse por completo a servir a los demás. Se trata de una práctica basada en la mente, más que en la apariencia externa de vuestra conducta. La verdadera generosidad, por tanto, es no tener apegos; la verdadera disciplina, no tener deseos; la verdadera paciencia, estar libre del odio. Los *bodhisattvas* pueden regalar incluso su reino, su vida, o hasta a su esposa y sus hijos, porque carecen del más mínimo sentido de pobreza o de necesidad, y están dispuestos a satisfacer las necesidades de los demás de manera incondicional. No importa qué puedan pensar los otros de vuestras acciones –no es necesario mostrar un aspecto «compasivo»–. Lo único que necesitáis es una mente pura. Por ejemplo, las palabras dulces y placenteras dichas sin intención de ayudar a nadie son insignificantes. Incluso los pájaros pueden entonar bellas canciones. Los animales salvajes, como los tigres, se comportan amorosamente con sus cachorros, pero solo se trata de un poco de amor mezclado con apego. No se extiende a todos los seres. Un *bodhisattva* posee un amor imparcial por todos los seres.[61]

37. Dedicar los méritos a los demás

*Dedicándose a la iluminación
por medio de la sabiduría purificada de los
tres conceptos,
que todo el mérito alcanzado en el esfuerzo
sea para eliminar el sufrimiento de los seres innumerables, esta es la práctica del*
bodhisattva.

Los dos primeros versos de esta estrofa significan que dedicamos los méritos sin adherirnos a la noción de que hay alguien
que los dedica, nadie a quien sean dedicados, ni existe ninguna
dedicación. Los dos últimos versos indican el motivo de la dedicación de este mérito: para que todos los seres vivos queden
libres de sufrimiento. Amén.

Dilgo Khyentse Rinpoche explica en el siguiente párrafo
cómo se han de dedicar los méritos:

Dedicar los méritos de manera excelsa –enteramente libre de los tres conceptos de sujeto, objeto y acción– es solo posible para quien haya realizado completamente la vacuidad. ¿Cómo, pues, hemos de dedicar los méritos nosotros, seres ordinarios incapaces de tan perfecta dedicación? Podemos hacerlo siguiendo las huellas de aquellos que sí tienen tal realización. El *bodhisattva* Samantabhadra realizó el océano infinito de las aspiraciones del *bodhisattva*, mientras que los bodhisattvas Manjushri y Avalokiteshvara realizaron el océano infinito de la actividad del *bodhisattva* que beneficia a todos los seres. Cuando vosotros dediquéis los méritos, hacedlo con la idea de emular la forma en que esos grandes *bodhisattvas* lo hacían, y usad las mismas perfectas palabras utilizadas por el Buda, o por los seguidores suyos que hayan realizado la verdad última, la naturaleza vacía de todo. Eso otorgará a vuestras plegarias mucho más poder y eficacia.[62]

Las treinta y siete estrofas de la práctica del bodhisattva, de Thogme Sangpo, finaliza de la siguiente forma:

Siguiendo las enseñanzas de los seres realizados,
he compendiado los puntos esenciales transmitidos en los sutras,
los tantras *y los* shastras
con el título de «Las treinta y siete estrofas de la práctica del
bodhisattva»
para beneficio de quienes deseen adiestrarse en el camino del
bodhisattva.

Dado que mi comprensión es limitada y mi formación poca,
no es un texto que complacerá al erudito;

pero al estar basado en los sutras *y en las enseñanzas de los se-*
res realizados,
pienso que contiene auténticamente la práctica de los bodhisattvas.

Sin embargo, es difícil para alguien de inteligencia limitada
como yo
sondear las profundidades de las actividades de los bodhisattvas,
por lo que ruego el perdón de los seres realizados
por mis contradicciones, mis trivialidades y demás errores.

Por el mérito generado a través de esta actividad
y por el poder de la sublime bodhichitta, *la relativa y la absoluta,*
que todos los seres lleguen a ser como Avalokiteshvara,
quien está más allá de los extremos del samsara *y el* nirvana.[63]

Para su propio beneficio y el de todos los demás, Thogme, maes-
tro de escritura y de lógica, compuso este texto en (la cueva de)
Rinchen Phug, en Ngulchu.

Muchos lamas han glosado este texto con excelentes comentarios. Si estáis interesados, estudiad, por favor, esos libros
y tratad de aplicar sus principios en la vida cotidiana, ya que
se trata de un texto práctico. Aparte del libro que tenéis en este
momento en vuestras manos, otro buen texto para comenzar
es el comentario de Dilgo Khyentse Rinpoche, editado bajo el
título de *The Heart of Compassion*. Existe también una traducción reciente del prestigioso comentario de Ngawang Tenzin

Norbu, titulado *A Guide to the Thirty-Seven Practices of a Bodhisattva*. Hay, además, recursos *online*, como por ejemplo, vídeos de enseñanzas impartidas por su santidad el Dalái Lama.

A veces, cuando leemos libros especializados sobre filosofía, o sobre métodos avanzados de meditación, como el *mahamudra* o el *dzogchen*, nos parece que es algo muy difícil, a menos que dispongamos de todo el tiempo del mundo. No podemos ni imaginar cómo seríamos capaces de lograr tales metas. Sin embargo, este texto fue escrito para la vida diaria y la práctica cotidiana, así que no hay excusa para dejar de leerlo, reflexionar sobre su contenido y aplicarlo en nuestras vidas. Debemos acostumbrarnos a estos principios utilizándolos en la vida diaria, y agradecer las oportunidades que se nos presentan de poner esos valores en práctica llevando los pequeños sucesos de cada día al camino.

Para acabar, me gustaría compartir una cita de Ngawang Tenzin Norbu (1867-1940), maestro Nyingma conocido por su influyente comentario sobre *Las treinta y siete estrofas*:

En este reino del *samsara*, todo el sufrimiento que existe surge, sin excepción, del egoísmo, debido al deseo de la propia felicidad. Cualquier felicidad o beneficio posibles –incluida la felicidad última del nivel de un buda perfecto– nacen de la intención de beneficiar y amar a los demás.[64]

Y ahora es el momento de que os pongáis a practicar. Reflexionad, por favor, sobre lo que habéis leído en este libro, y aplicad estas enseñanzas en vuestra vida cotidiana. De esta manera, no solo saldréis beneficiados vosotros mismos, conduciéndoos hacia la liberación última, sino que estaréis cuidando de forma activa de los demás. Al domar la mente y abrir el corazón, os estáis volviendo alguien mucho más capaz de mostrar compasión y bondad hacia todos los seres. Si aplicáis con diligencia estas enseñanzas, finalmente os convertiréis en un *bodhisattva*, un héroe del amor incondicional y la compasión ilimitada. ¿Qué más podéis desear?

Notas

1. Dilgo Khyentse, *The Heart of Compassion: The Thirty-Seven Verses on the Practice of a Bodhisattva* (Boulder: Shambhala, 2007), 49.
2. Khyentse, *Heart of Compassion*, 49.
3. Khyentse, *Heart of Compassion*, 45.
4. Khyentse, *Heart of Compassion*, 51.
5. Cita encontrada en Khyentse, *Heart of Compassion*, 57.
6. Khyentse, *Heart of Compassion*, 55.
7. Jetsunma permaneció en retiro en una aislada cueva de las montañas de Lahaul, al norte de la India, durante doce años. Véase la biografía de Jetsunma, de Vicki Mackenzie, titulada *Cave in the Snow*.
8. Khyentse, *Heart of Compassion*, 54.
9. Khyentse, *Heart of Compassion*, 59.
10. Khyentse, *Heart of Compassion*, 61.
11. Khyentse, *Heart of Compassion*, 63-64.
12. Khyentse, *Heart of Compassion*, 68.
13. Khyentse, *Heart of Compassion*, 70.
14. Khyentse, *Heart of Compassion*, 73.
15. Khyentse, *Heart of Compassion*, 73.
16. Khyentse, *Heart of Compassion*, 73.

17. Khyentse, *Heart of Compassion*, 79.

18. Khyentse, *Heart of Compassion*, 79.

19. Khyentse, *Heart of Compassion*, 87.

20. Khyentse, *Heart of Compassion*, 84-85.

21. Khyentse, *Heart of Compassion*, 85.

22. Khyentse, *Heart of Compassion*, 91.

23. Geshe Sonam Rinchen, *Eight Verses for Training the Mind*, traducción de Ruth Sonam (Boulder: Snow Lion, 2001), 00.

24. Rinchen, *Eight Verses for Training the Mind*, 69.

25. Khyentse, *Heart of Compassion*, 104.

26. Khyentse, *Heart of Compassion*, 110.

27. Rinchen, *Eight Verses for Training the Mind*, 53.

28. Khyentse, *Heart of Compassion*, 110.

29. Khyentse, *Heart of Compassion*, 112.

30. Rinchen, *Eight Verses for Training the Mind*, 57.

31. Khyentse, *Heart of Compassion*, 112.

32. Khyentse, *Heart of Compassion*, 116.

33. Rinchen, *Eight Verses for Training the Mind*, 63.

34. Khyentse, *Heart of Compassion*, 116-117.

35. Rinchen, *Eight Verses for Training the Mind*, 40.

36. Khyentse, *Heart of Compassion*, 117.

37. Khyentse, *Heart of Compassion*, 119.

38. Khyentse, *Heart of Compassion*, 121.

39. Khyentse, *Heart of Compassion*, 132.

40. Khyentse, *Heart of Compassion*, 124.

41. Khyentse, *Heart of Compassion*, 125-126.

42. Khyentse, *Heart of Compassion*, 133.

43. Khyentse, *Heart of Compassion*, 135-136.

44. Khyentse, *Heart of Compassion*, 147.

45. Rinchen, *Eight Verses for Training the Mind*, 73.

46. Khyentse, *Heart of Compassion*, 151.

47. Khyentse, *Heart of Compassion*, 138.

48. Khyentse, *Heart of Compassion*, 137.

49. Khyentse, *Heart of Compassion*, 139.

50. Khyentse, *Heart of Compassion*, 140.

51. Khyentse, *Heart of Compassion*, 143.

52. Khyentse, *Heart of Compassion*, 145.

53. Khyentse, *Heart of Compassion*, 148.

54. Khyentse, *Heart of Compassion*, 155.

55. Khyentse, *Heart of Compassion*, 157-158.

56. El *Ngondro* es un conjunto de prácticas preliminares, que consiste en cien mil repeticiones de la toma de refugio y aspiración a la *bodhichitta*, la ofrenda del mandala, Vajrasatva y la práctica de Guru Yoga.

57. Khyentse, *Heart of Compassion*, 165.

58. Khyentse, *Heart of Compassion*, 169.

59. Khyentse, *Heart of Compassion*, 170-171.

60. Rinchen, *Eight Verses for Training the Mind*, 45.

61. Khyentse, *Heart of Compassion*, 191-192.

62. Khyentse, *Heart of Compassion*, 174.

63. Khyentse, *Heart of Compassion*, 37.

64. Ngawang Tenzin Norbu, *A Guide to the Thirty-Seven Practices of a Bodhisattva* (Boulder: Snow Lion, 2020), 85.

Otras lecturas sugeridas

Mackenzie, Vicki. *Cave in the Snow: A Western Woman's Quest for Enlightenment*. New York: Bloomsbury, 1998.

Palmo, Jetsunma Tenzin. *Into the Heart of Life*. Boulder: Shambhala, 2011.

Palmo, Jetsunma Tenzin. *Reflections on a Mountain Lake: Teachings on Practical Buddhism*. Boulder: Snow Lion, 2002.

Palmo, Jetsunma Tenzin. *Three Teachings*. Australia: Buddha Dharma Education Association, 2000.

Libros sobre el *Lojong*

Khyentse Rinpoche, Dilgo. *Enlightened Courage: An Explanation of the Seven-Point Mind Training*. Traducción del Grupo de Traducción Padmakara. Boulder: Shambhala, 2006.

Khyentse Rinpoche, Dilgo. *The Heart of Compassion: The Thirty-Seven Verses on the Practice of a Bodhisattva*. Traducción del Grupo de Traducción Padmakara. Boulder: Shambhala, 2007.

Norbu, Ngawang Tenzin. *A Guide to the Thirty-Seven Practices of a Bodhisattva*. Traducción de Christopher Stagg. Boulder: Shambhala, 2020.

Foto de Sol Voron, tomada en Australia en abril de 2008

Sobre la autora

Jetsunma Tenzin Palmo, nacida en Inglaterra en 1943, es una monja completamente ordenada (*bhikshuni*) perteneciente al linaje Drukpa Kagyu del budismo tibetano. Es autora, maestra y fundadora del monasterio para mujeres Dongyu Gatsal Ling, en Himachal Pradesh, en la India. Jetsunma es conocida por ser una de las pocas practicantes occidentales que han recibido toda su formación en Asia, habiendo pasado doce años en una remota cueva del Himalaya, tres de ellos en retiro estricto de meditación. Su maestro raíz fue el VIII Khamtrul Rinpoche, Dongyu Nyima (1931-1980), quien restableció el linaje Khampagar y refundó su monasterio en el norte de la India, tras la destrucción del original durante la invasión y ocupación china del Tíbet. El título de Jetsunma (reverenda maestra) le fue otorgado por el cabeza del linaje Drukpa, el XII Gyalwang Drukpa, en reconocimiento por sus logros espirituales como monja y por sus esfuerzos en la promoción del estatus de las mujeres practicantes en el budismo tibetano. Ninguna otra occidental ha logrado que le fuera concedido de manera formal un título tan elevado.

editorial **K**airós

Puede recibir información sobre
nuestros libros y colecciones inscribiéndose en:

www.editorialkairos.com
www.editorialkairos.com/newsletter.html

Numancia, 117-121 • 08029 Barcelona • España
tel. +34 934 949 490 • info@editorialkairos.com

.